SANDRA MASTROPIETRO
SEBASTIAN HALLMANN

SIMPLY RUNNING

DAS TRAININGSBUCH FÜR NOCH MEHR SPASS AM LAUFEN

DELIUS KLASING VERLAG

VORWORTE

SANDRA

Noch ein Laufbuch, really?!?!? Jup, noch ein Laufbuch, auch wenn es hiervon schon – vermutlich nicht nur gefühlt – abertausende gibt. Sebastian und ich haben selbst ganz viele davon daheim im Schrank. Warum also noch ein weiteres?

Nun, zum einen, weil ich wirklich, wirklich gern schreibe☺! Zum anderen, weil ich Bastis Expertise und seinen Input seit jeher sehr schätze. Und vor allem, weil das Laufen für mich Freiheit sowie Simplizität bedeutet und zum Lebensgefühl geworden ist. Simply Running eben. Und dazu gibt es dann doch nicht so viel Literatur. Wir möchten auf den folgenden Seiten nichts verkaufen, nichts – außer der Einfachheit des Laufens – schmackhaft machen. Wir möchten unsere Erfahrungen und teilweise sehr unterschiedliche Sichtweisen auf den Sport mit möglichst vielen Menschen teilen. Einen Panoramablick schaffen, motivieren, auf Verletzungsrisiken hinweisen und zum Stabilisationstraining animieren.

Kurz: Auf den kommenden Seiten soll unsere Liebe zum Laufsport in all seinen Facetten beleuchtet und natürlich Spaß am Laufen vermittelt werden. Die ein oder andere Anekdote ist zum Schmunzeln gedacht, denn das Leben an sich ist doch schon ernst genug ☺.

Außerdem möchten wir euch mit unseren persönlichen Geschichten Mut machen. Denn ja: Auch wir haben mal angefangen mit dem Laufen. Und in meinem Fall sah das wie folgt aus: Ich habe mich von Laterne zu Laterne gehangelt: gehen, laufen, gehen, laufen und wieder gehen.

In diesem Sinne: Viel Spaß beim Lesen, Lachen und vor allem beim Laufen!

P. S.: Als wir begonnen haben, dieses Buch zu schreiben, war ich bereits im fünften Monat schwanger. Also wundert euch nicht über meine rundliche Form und die Zusatzkommentare im Stabi-Kapitel, welche Übungen Schwangeren absolut zu empfehlen sind, das hat sich gerade so angeboten ;).

Sandra Mastropietro kam erst spät zum Laufsport. Was einst mit mühsamen »Von-Laterne-zu-Laterne-Intervallen« und mit sich abwechselndem Gehen und Laufen begann, ist zu einer brennenden Leidenschaft geworden, die von der zweifachen Mutter als »Urlaub vom Alltag« bezeichnet wird. Sandra ist Lauf- und Mentalcoach. Außerdem schreibt Sie für verschiedene Lauf- und Fitnessplattformen.
running.sandra

SEBASTIAN

Ich hatte schon einmal den Gedanken, ein Laufbuch zu schreiben, damals, als ich mir noch über die Form der Dornen in meinen Spikes Gedanken gemacht habe. Ja, ich habe mir über vieles, was den Laufsport betrifft, den Kopf zerbrochen. Wie lange muss ein Tempodauerlauf sein, warum läuft man Programme wie 10 x 1.000 Meter und nicht 9 x 1.000 Meter, mit welchen Schuhen laufe ich die Tempoeinheiten am besten? Dieses Laufbuch sollte alles umfassen, was Läufer wissen müssen. Jeder Fachbegriff sollte erklärt, jedes Detail beschrieben werden, die Gliederung gab es bereits. Sie war sehr umfangreich, quasi ein Buch im Buch. Ich hatte allein über 100 verschiedene Stabilisationsübungen ausgearbeitet, aus denen ich wählen wollte. Geschrieben habe ich dieses Buch aber nie, und das ist auch gut so. Zum einen hätte es nicht vielen Leuten etwas gebracht, zum anderen gibt es solche Bücher bereits. Mein Wissen hatte ich mir schließlich auch angelesen.

Warum habe ich nun mit Sandra dieses Buch geschrieben? Weil ich jetzt, im Gegensatz zu damals, etwas zu erzählen habe, nicht nur etwas aufzuzählen. Ich habe Erfahrungen gesammelt, mich mit Läufern, Trainern und Trainingswissenschaftlern ausgetauscht und gelernt, dass es neben den Trainern und Trainingswissenschaftlern, die pragmatisch und wissenschaftlich arbeiten, unzählige Laufbegeisterte da draußen gibt, die Fragen haben, welche nicht immer wissenschaftlich beantworten werden können. Deswegen gibt es eben jetzt dieses Buch. Unser Buch, das unsere Leidenschaft in ihrer Vielfalt so einfach wie möglich darstellt, ohne etwas Wichtiges auszulassen.

Sebastian Hallmann ist ehemaliger Profi-Langstreckenläufer, der unter anderem bei der Juniorenweltmeisterschaft 1996 in Sydney über 5.000 Meter antrat und heute bereits auf über 20 Nationalmannschaftseinsätze zurückblicken kann. Im Jahr 2017 gewann er in München den nationalen Wings For Life Run. Er arbeitet heute als freiberuflicher Trainer, Referent und Laufexperte.
sebastian_run

INHALT

KAPITEL 1

ÜBERLEGT IHR NOCH ODER LAUFT IHR SCHON?

AUSRÜSTUNG

Ja, es gibt sie, diejenigen, die wirklich nichts zum Laufen brauchen. Das sind aber wirklich die wenigsten, und meist sind es die, die einem entsprechenden Lebensgefühl folgen, das weit über den Laufsport hinausgeht. Wir wollen uns aber mit den Leuten beschäftigen, die der Kleidungsindustrie mehr oder weniger große Umsätze bescheren, die einem Schokoriegel im Supermarkt einen schmelzend heißen Blick zuwerfen und den Händlern das Abendessen garantieren.

Aber was braucht man denn nun zum Laufen? Laufschuhe braucht man nicht immer, aber zumindest die meiste Zeit. Die wenigsten von uns wohnen in einem Landstrich, wie er in einem Werbespot des irischen Tourismusverbandes präsentiert wird und können nicht, wenn sie aus ihrer Haustür treten, direkt über saftig-grüne Wiesen laufen. Die meisten laufen auf Straßen, im Wald, oder auch mal richtig über Stock und Stein. Und die benötigen für den jeweiligen Untergrund auch das passende Schuhwerk.

Sandra: »Mein Equipment für einen langen Long Run« (o.).
Neu vs. alt: Die Schuhsohle ist ein guter Indikator für einen anstehenden Neukauf (u.).

WAS BRAUCHT MAN UNBEDINGT?

SCHUHE

Auch wenn ihr nur wenige Kilometer pro Woche abspult, gönnt euch zwei Paar Laufschuhe. Achtung: Laufschuhe sind Stangenware, keine Maßanfertigungen. Da alle Füße unterschiedlich sind, gibt es den perfekten Laufschuh theoretisch für genau ein Paar Füße. Die Vielfalt der Schuhangebote ermöglicht es euch aber, gut passende Laufschuhe zu finden. Wenn der Schuh einen guten Fersenhalt bietet, sich an euren Fuß wie eine Katze schmiegt und eure Zehen genügend Bewegungsfreiheit haben, könnt ihr einen Kauf riskieren.

Probiert beim Kauf alles an, was der Laden hergibt und lauft ein paar Meter damit. Dann bekommt ihr einen Eindruck, welche Marke(n) am besten zu euren Füßen passen. Seid offen für alles, auch für die Schuhe, die euch modisch nicht so ansprechen. Es geht um euer Lauferlebnis, nicht um die Präsentation auf dem Laufsteg. Legt euch auch nicht auf eine Marke fest. Schuhhersteller ändern ab und an die Passformen, dann müsst ihr vielleicht sowieso die Marke wechseln.

SEBASTIANS ANEKDOTE

GEBT MIR MEINEN SCHUH ZURÜCK!

Ich hatte einmal drei Jahre hintereinander ein Modell, mit dem ich vom langen Dauerlauf bis hin zu Tempoläufen im Gelände alles gern gelaufen bin. Jedes Jahr wurde der Schuh etwas verändert, aber die Grundstruktur blieb gleich. Von einem Modellwechsel zum anderen war es jedoch mit der Herrlichkeit vorbei, das Nachfolgemodell war einfach nicht mehr mit dem Vorgänger zu vergleichen. Mein Glück: Ich war scheinbar nicht der einzige Läufer, dem das so ging, denn der Hersteller kehrte bald wieder zur alten Passform zurück. Nach einem Passformwechsel lohnt es sich manchmal auch, online nach Restbeständen Ausschau halten. Beliebte Modelle sind zwar schnell vergriffen, aber ab und zu hat man doch Glück.

KLAMOTTEN

Spezielle Laufklamotten sind zu Beginn sicher nicht so wichtig. Ihr könnt anfangs alles tragen, was euer modisches Empfinden zulässt, was eure Haut nicht aufreibt und für die ersten Läufe genug Witterungsschutz oder Kühlung garantiert. Als wir mit unserer Laufgruppe unterwegs waren, ist uns immer wieder ein älterer Herr in einer typischen Opa-Stoffhose entgegengekommen. Dazu trug er ein abgekrabbeltes Hemd, eine Wollweste und Schuhe, die in längst vergangenen Zeiten vermutlich mal orthopädische Halbschuhe waren. Frei aller technischen und modischen Errungenschaften der Sportartikelindustrie ist er in einem sehr gemütlichen Tempo seine tägliche Runde gelaufen. In der Gruppe waren wir uns einig: Wenn wir in seinem Alter noch genauso über den Asphalt fegen, dann haben wir vieles richtig gemacht.

Aber ganz ehrlich: Funktionsbekleidung in kurz und lang, ein perfekt sitzender Sport-BH (eher für die Leserinnen interessant) und – wenn gewünscht – extra Laufsocken machen das Laufen dann doch zu einem angenehmeren Erlebnis als ein nasser Wollpulli. Natürlich empfehlen wir bei kalten Temperaturen auch noch Mütze und Handschuhe. Aber auch hierbei gilt, dass der Geldbeutel nicht sofort geöffnet werden muss.

Probieren geht über Studieren. Gute Kleidung gibt es vom Discounter genauso wie vom Markenhersteller. Ware vom Discounter rollt oft über das selbe Förderband wie die Markenprodukte. Im Endeffekt müsst ihr im Zwiegespräch mit eurem Geldbeutel entscheiden, was euer erstes Outfit kosten darf. Auch auf dem Gebrauchtmarkt findet man gute Angebote. Gebrauchte Autos fahren ja auch noch eine Weile, und nachhaltig ist es zudem.

Kurz: Ein, besser zwei Paar Laufschuhe und dazu eine kleine Grundausstattung mit einer langen und kurzen Laufhose, einem Funktionsshirt, einer Laufjacke und einem Lauf-BH für die Damen empfehlen wir wärmstens. Damit lässt es sich prima laufen, und zudem motiviert es auch ein wenig, neue Klamotten auspacken und ausführen zu dürfen.

SCHMIERMITTEL

Vielleicht nicht gleich die erste Anschaffung in eurer Laufkarriere, aber etwas, worüber wir schon das ein oder andere Mal glücklich gewesen sind, ist »Schmier«. Das ist natürlich kein offizieller Produktname, sondern nur unsere Bezeichnung für ein Schmiermittel, das durch Auftragen auf die Haut verhindern soll, sich »einen Wolf zu laufen«. In manchen Wettkampfstarterbeuteln findet man solche Cremes oder Salben als Werbeprodukt. Gerade auf langen Distanzen ist der Schutz vor wunden Stellen ein wahrer Segen und beugt Scheuerstellen auf der Haut vor. Übrigens: Ein befreundeter Läufer schwört für diesen Zweck auf Gleitgel aus dem Drogeriemarkt, eine durchaus gute und kostengünstige Alternative.

WAS BRAUCHT MAN MEISTENS?

Die Grundausstattung war natürlich erst der Anfang, damit könnt ihr loslegen. Je regelmäßiger und mehr ihr lauft, desto häufiger wagt ihr euch vermutlich zu ganz unterschiedlichen Witterungsbedingungen vor die Tür. Und die Zwischentöne der Witterung sollten von der Ausrüstung auch abgedeckt sein. Schließlich kann im Temperaturbereich von –15 °Celsius bis zu über 30 °Celsius problemlos gelaufen werden. Da stößt man mit der Grundausstattung doch recht schnell an Grenzen, also solltet ihr euch nach und nach Kleidung zulegen, die euch erlaubt auf jede Witterung zu reagieren.

LAUFSOCKEN

Für den Winter ist besonders wichtig, dass eure Achillessehnen bedeckt sind. Also braucht ihr mindestens ein Paar Socken, das bis an die Waden reicht. Beim Thema Laufsocken müssen wir natürlich auch gleich die sagenumwobenen Kompressionssocken ansprechen, schließlich sind sie das am meisten genutzte Kompressionstool. Während die Autorin des Buches ihre sehr langen Distanzen oft in Kompressionssocken läuft, besitzt der Autor des Buches nicht mal ein Paar davon. Das hat aber weniger mit dem vermeintlichen Nutzen zu tun als vielmehr mit dem persönlichen Empfinden. Eine klare Empfehlung können wir euch also nicht geben. Es bleibt eurem subjektiven Gefühl überlassen, ob euch das Tragen von Kompressionssocken weiterbringt oder nicht.

»Team Mütze« vs. »Team Stirnband« (o.). Ein Blick auf die Laufuhr verrät viel mehr als nur die Uhrzeit (u.).

HOSEN

Egal ob ihr lieber in engen Tights oder flatternden Hosen laufen geht: Bestückt euren Kleiderschrank mit verschiedenen Längen und auch Stoffdicken, sodass ihr eurem Temperaturempfinden entsprechend immer die richtige Wahl treffen könnt. Wird es mal ganz kalt, müsst ihr auch nicht gleich Thermokleidung anschaffen, sondern könnt nach dem Zwiebelprinzip in die Breite wachsen.

WINDDICHTE UND WASSERABWEISENDE JACKE

In der Regel sind Laufjacken ohnehin schon auf Gewicht getrimmt. Ein leichte sowie winddichte Jacke ist als oberste Schicht bei tieferen Temperaturen immer eine gute Wahl. Mit entsprechenden Schichten darunter kommt ihr damit auch im Winter richtig weit.

HANDSCHUHE

Fäustlinge halten bei kalten Temperaturen die Hände warm, die Fingerfreiheit ist aber nicht die Beste. Richtige Laufhandschuhe sind da einfach die angenehmere Wahl.

MÜTZE

Auch bei der Kopfbedeckung raten wir zum Kauf einer spezifischen solchen. Euer Kopf ist wichtig für die Wärmeregulation. Es kann also sein, dass bei Zwischentemperaturen ein Stirnband die klügere Wahl ist.

LAUFUHR

Ein moderne Laufuhr ist ein High-Tech-Trainingscomputer am Handgelenk. Sie kann alles an Vitalfunktionen auswerten, was ihr ihrer Datenbank zu futtern gebt. Die ausgespuckten Daten sind durchaus interessant, aber für das Laufvergnügen nicht entscheidend. Laufen ist einfach – *Simply Running!* Über die gelaufene Distanz und die Bewegungszeit Bescheid zu wissen, ist wichtig. Viel mehr braucht man (zunächst) allerdings nicht zu wissen. Natürlich dürfen die Technikaffinen gleich zuschlagen und sich an einer neuen Multifunktionsuhr erfreuen. Ohne High-Tech lernt ihr euch anfangs aber sogar besser kennen und lernt, euch nach und nach besser einschätzen zu können. Zur Pacekontrolle könnt ihr auf euren Runden auch einfach immer an der selben Parkbank, dem selben Baum oder der selben Wegkreuzung auf die Uhr schauen. Dafür reicht eine einfache Stoppuhr. Der Nachteil (oder ist es ein Vorteil?) einer rudimentären Stoppuhr ist, dass sie sich schwer mit dem Computer synchronisieren lässt. Wer kontrolliert trainieren möchte, muss dann ein händisches Trainingstagebuch führen. Entscheidet nach euren Bedürfnissen. Wahrscheinlich werden eure Ansprüche an eine Uhr mit der Anzahl der zurückgelegten Kilometer ohnehin steigen.

ALTERNATIVE ZUR UHR

Die meisten Mobiltelefone bieten euch unzählige (Lauf-) Apps, um eure Läufe aufzuzeichnen. Wir tendieren zwar eher zur Uhr, aber ein Handy mit Stoppuhr erfüllt bereits die Grundbedürfnisse. Wenn das Smartphone dann zur Routenführung auch noch eure Lieblingsmusik abspielt, ist bei einigen von euch das Läuferglück sicher perfekt. Achtet bei der Nutzung von Mobiltelefonen darauf, dass diese vor Feuchtigkeit geschützt sind. Nicht nur Regen kann das Ende für euer kleines Datenwunder sein, auch euer Schweiß kann einigen Schaden anrichten. Bei Trailläufen packen wir das (Notfall-)Handy in eine Plastiktüte.

WAS BRAUCHT MAN AB UND ZU?

Die folgenden Ausrüstungsgegenstände sind an manchen Tagen ein Must-have, meistens jedoch nur eine Option, ohne die es wohl auch gehen würde. Spätestens jetzt ist klar: Wir reden von den Luxusartikeln, die wir ab und zu ausführen (wollen).

PULSMESSER

Versteht uns nicht falsch, ein Pulsmesser ist sicherlich ein sinnvolle Sache – wenn man über das notwendige Hintergrundwissen verfügt, um ihn sinnvoll einzusetzen. Mit Hintergrundwissen meinen wir nicht, dass man die Gebrauchsanweisung auswendig singen können muss. Wir meinen sportmedizinisch erhobene, individuelle Leistungsdaten, die euch Werte für die perfekte Nutzung eurer Pulsmessgeräte an die Hand geben. Natürlich könnt ihr von euch selbst erhobene Daten wie euren Maximalpuls in die Uhren eingeben.

SEBASTIANS ANEKDOTE

TDL FLAGSTAFF

In der Höhe muss man sich besonders diszipliniert an die Trainingsvorgaben halten, da die dünne Luft keine Fehler verzeiht. So stand ich bei meinem zweiten Höhentrainingslager mit einem Olympiasieger an der Startlinie eines Tempodauerlaufs und war gespannt, wie sich der erste Tempodauerlauf mit ungewohnt wenig Sauerstoff anfühlen wird. Mein Trainingspartner, deutlich erfahrener als ich, sagte, dass er den Pulsmesser genau eingestellt hätte und es piept, wenn wir über das Ziel hinausschießen. Der erste Kilometer leicht bergab verging wie im Fluge, und so kamen wir auf der hügeligen Strecke zum ersten Anstieg, was schnell zu einer andauernd piependen Uhr neben mir führte. Ein kurzer Griff an die Uhr beendete das Gepiepse und ließ uns auf das eigene Körpergefühl vertrauen, wir fanden unseren eigenen Rhythmus auf dieser hügeligen Strecke. Der Pulsmesser lief ja weiter und erlaubte den ein oder anderen Kontrollblick. Die Auswertung der Trainingsdaten nach dem Training ergab einen Top-Tempodauerlauf mit ein paar Pulsspitzen an den Anstiegen. Die Erfahrung war in diesem Fall etwas mehr wert als die Technik, wir sind gut über die Strecke »gerollt«. Auf die technische Bremse zu verzichten, konnten wir uns aber nur leisten, weil wir aus unserem Tempodauerlauf kein Rennen gemacht haben und auch ohne akustisches Warnsignal auf die Signale unserer Körper gehört haben.

Das geht in die richtige Richtung, doch es reicht nicht aus. Die feinen Übergänge der einzelnen Belastungsbereiche wird euch eine Pulsuhr nicht mitteilen können. Und einen großen Erfahrungsschatz kann eine Pulsuhr auch nicht ersetzen. Wer sich ohnehin dazu verleiten lässt, einen Tick zu schnell zu laufen, wird am Ende des Laufes trotz zu hoher Pulswerte behaupten, sich aber doch gut gefühlt zu haben. Die optimale Nutzung einer Pulsuhr erfordert neben dem Hintergrundwissen auch eine gehörige Portion Disziplin. Wer die nötige Ruhe und das Vertrauen in sein Training hat, kommt auch ohne Pulsuhr aus. Aber warum listen wir dann die Pulsuhr in unserer Kategorie »Was braucht man ab und zu?«, warum verzichten wir nicht ganz darauf? Weil eine Pulsuhr immer dann Sinn macht, wenn man einen bestimmten Belastungsbereich trainieren will – vorausgesetzt, man hat die genauen Parameter vorliegen.

Gerade in höheren Lagen ist es gut, von der Regenjacke bis zur Sonnenbrille alles dabei zu haben. In den Bergen gilt: besser haben als brauchen.

REGENJACKE

Eine Regenjacke benötigt ihr gar nicht so oft, wie ihr vielleicht denkt – vorausgesetzt, ihr wohnt nicht in England. In den meisten Fällen reicht eine wasserabweisende und winddichte Jacke, und so etwas habt ihr ja im Kleiderschrank, weil diese zur empfohlenen Grundausstattung gehört. Diese leichten Jacken sind oft auch atmungsaktiver als die wasserdichten Regenjacken. Selbstverständlich gibt es auch High-end-Produkte, die wirklich angenehm zu tragen sind und bei denen sich das tropische Klima zwischen Jacke und Haut auch in Grenzen hält, diese Jacken kosten dann aber auch eine Stange Geld. Als Weihnachts- oder Geburtstagsgeschenk ist so ein Prachtstück aber immer einen Wunsch wert.

SONNENBRILLE

Die Autorin läuft am liebsten mit ihrer Drogerie-Stangenwaren-Sonnenbrille, weswegen diese Kategorie auch »Sonnenbrille« und nicht »Sportsonnenbrille« heißt. Neben dem Coolness-Faktor schützt eine Brille natürlich die Augen. Insekten in den Augen sind nämlich niemals ein Vergnügen, und bei starkem Wind fliegen auch noch andere Kleinteile durch die Gegend, was den Einsatz einer Laufbrille rechtfertigt. Wenn ihr euch in höhere Lagen begebt – gerade im Winter bei Schnee –, solltet ihr auch auf einen entsprechenden UV-Schutz bei den Gläsern achten.

LAUFRUCKSACK

Bei Trailläufern ist der Laufrucksack Standard, bei allen anderen eher Last als Nutzen. Gerade auf Gebirgstrails ist es notwendig, dass ihr einiges an Ausrüstung mit euch führt. In diesen Fällen gehört in den Rucksack: ein Handy, falls ihr einen Notruf absetzen müsst, Verbandsmaterial, damit ihr gegebenenfalls Verletzungen versorgen könnt und natürlich genug Flüssigkeit für die Tour durch die Wildnis. Eine Notfallschokolade für den kleinen Hunger (Hungerzweig ;)) könnt ihr auch noch einpacken. Ein Laufrucksack macht übrigens auch dann Sinn, wenn euer täglicher Lauf zur Arbeitsstelle führt. So könnt ihr Arbeitsmaterialien sicher transportieren. Sonst bietet sich ein Laufrucksack auch noch für einsame Läufe in der Marathonvorbereitung an. Darin könnt ihr dann eine Trinkblase oder Trinkflaschen transportieren, wobei es bei langen Läufen immer netter ist, eine Radbegleitung zu haben, die neben der nötigen Unterhaltung auch für die Verköstigung zuständig ist.

STÖCKE

Manche gehen nicht nur am Stock, sie laufen auch damit. Stöcke sind besonders bei Trailläufern beliebt, die ihre Beinmuskulatur im Anstieg mit der Kraft ihrer Arme unterstützen. In der Ebene sind Stöcke beim Laufen eher hinderlich. Wenn ihr euch ab und zu in die Berge wagt und eure Oberschenkel etwas Hilfe benötigen, könnt ihr es ja mal mit Stöcken probieren. Die Autorin des Buchs schwört gerade auf Ultradistanzen darauf.

SPIKES

Mittlerweile gibt es schon zwei Arten von Schuhen mit Spikes. Zum einen die schnellen, leichten Schuhe mit üblicherweise sechs kleinen Dornen unter dem Ballen, die auf einer Kunststoffplatte montiert sind, um maximalen Grip auf der Stadionbahn zu generieren. Zum anderen eine Konstruktion aus Ketten und Metallspitzen als Überzieher für die Schuhe, die im Winter zum Einsatz kommt, wenn die Laufstrecken mehr einer Eisfläche als einem Schotterweg ähneln. Beide Arten von Spikes braucht ihr – wenn überhaupt – nicht oft. Spikes für die Bahn braucht ihr wirklich nur, wenn eure Ambitionen sich im Bruchteil einer Sekunde ausdrücken, Spikes für den Schnee, wenn ihr trotz Glätte keine anderen Laufwege oder Laufalternativen

SANDRAS ANEKDOTE

ZUGSPITZ-ULTRATRAIL

Ich war einmal für einen sehr, sehr langen und sehr, sehr hügeligen Lauf angemeldet. Da man im Training nie diese wirklich krass langen Distanzen läuft, habe ich die Vorbereitung auf dieses Event weitestgehend ohne Stöcke absolviert und sie dann am Wettkampftag zur Unterstützung dabei gehabt. Es kam, wie es kommen musste: Ich ging – gerade zum Ende hin – viel am Stock, haha (positiv gemeint). Es war ein wirklich guter Lauf, und die Stöcke haben mich (nicht mehr ich sie) besonders beim letzten Anstieg förmlich getragen. Am Folgetag des Wettkampfs wurde ich mit einem mir nahezu unerklärlichen Phänomen konfrontiert: Ich verspürte – trotz der zurückgelegten 102 Kilometer mit 5.500 Höhenmetern – keinen Muskelkater in den Beinen, sondern ausschließlich in den Armen und im Schulterbereich. So stark, dass ich kaum Zähne

putzen konnte!
Was ich sagen möchte:
Man kann mit den Stöcken offensichtlich gut die Beine entlasten – hihi.
Probiert es gern einmal unverbindlich aus.

findet. Die Autorin dieses Buchs hat weder noch, der Autor beide Arten.

BUFF ODER SCHLAUCHTUCH

Für alle, die es nicht wissen: Ein Buff ist eine dehnbare Stoffröhre, die sich exzellent über den Kopf ziehen lässt, um einen Schal oder ein Halstuch zu ersetzen. Durch die Machart lässt es sich sogar zur Mütze oder zum Schweißtuch um das Handgelenk umfunktionieren. Im Winter braucht man es öfter, im Sommer eher weniger, auf dem Trail immer (zur Not als Sonnenschutz).

TOILETTENPAPIER

Hoffentlich braucht ihr es nie oder zumindest in den seltensten Fällen, aber Toilettenpapier ist ein absolutes MUSS bei jedem Lauf (meint der Autor). Da das Laufen den Stoffwechsel ordentlich ankurbelt, kann es euch passieren, dass bei einem Lauf nicht nur der Schuh drückt, sondern auch andere Bedürfnisse nach ihrer Erledigung verlangen. Auch wenn dieser Hinweis nicht unbedingt appetitlich sein mag, wir wollen und dürfen ihn euch nicht vorenthalten. Manchmal reicht ja auch vielleicht schon ein Taschentuch.

STULPEN

Wenn ihr empfindliche Achillessehnen habt, macht es gerade im Winter Sinn, die Sehnen gut warm zu halten. Wenn die normale Laufausrüstung dafür nicht ausreicht, könnt ihr eure alte Aerobic-Kiste öffnen und plündern. Die Bayern unter euch können auch die Wadelwärmer der männlichen Tracht entfremden. Hauptsache, es ist flauschig warm um die Knöchel.

GAMASCHEN

Gamaschen braucht ihr sehr wahrscheinlich nie. Die Wüstenläufer unter euch schütteln jetzt den Kopf, da sie die Dinger ständig brauchen, aber solange der Klimawandel uns keinen Strand vor Hannover beschert und die Wüsten sich nicht auf unseren täglichen Laufstrecken ausbreiten, braucht ihr auch keine Gamaschen, die kleine Sandkörnchen davon abhalten, in eure Schuhe zu gelangen. Im sehr steinigen Gelände können Gamaschen euch aber auch vor Steinen im Schuh bewahren.

BASTI VS. SANDRA: LAUFKLAMOTTEN

»Was ich im Schrank habe? Männer haben in der Regel gar keine Kleiderschränke für Sportkleidung. Im Zyklus Kleidung-Tragen–Waschmaschine–Wäscheleine–Kleidung-Tragen kommt das Wort ›Kleiderschrank‹ nicht vor. Wir Männer haben maximal Schubladen oder intelligente Staumöglichkeiten (meist aus dem schwedischen Möbelhaus), um im Sommer die Winterklamotten nicht auf der Wäscheleine versauern lassen zu müssen. Sicher sind jetzt einige Männer schockiert, weil sie eben doch einen Kleiderschrank (für ihre Laufsachen) besitzen. Auch ich muss zugeben: Das Eheleben hat mir gezeigt, dass auch Schränke nützliche Möbel sind. Davon unangetastet bleibt meine Einschätzung, dass wir Männer mit weniger Kleidung auskommen als das schönere Geschlecht. Natürlich haben auch wir ein gewisses ästhetisches Empfinden, aber ob die Socken jetzt farblich genau zur Short passen, ist eher unwichtig. Ausgenommen natürlich, wir werden fotografiert. Denn im Zeitalter der digitalen Weltherrschaft ist eine akzeptable Visitenkarte natürlich wichtig. Ich habe aber analoge Zeitzeugen in einem Schuhkarton, die davon berichten, dass Laufstil nichts mit Kleidung zu tun hat.«

»Also ich möchte, um Himmels Willen, ganz sicher keine Klischees bedienen, aber über den Kleidung-Tragen–Waschmaschine–Wäscheleine–Kleidung-Tragen-Zyklus komme ich doch hinaus. Die Gründe? Erstens ist es natürlich wichtig, für alle Eventualitäten gerüstet zu sein (wetter- und styletechnisch). Zweitens: Laufklamotten können auch alltagstauglich sein, allein deswegen lohnt es sich doch, gleich mehr davon anzuschaffen. Und drittens muss ich ehrlich zugeben, dass mich neue und hübsche Klamotten motivieren. Ich empfinde es als Freude, den neuen Schuh einzulaufen, eine schicke Tight auszuführen oder die zum Stirnband passende Jacke zu tragen. Weibliche Gene? Stereotypen-Erfüllung? Vielleicht. Aber es soll auch Männer geben, die so denken und fühlen, besonders in Sachen ›Gadgets‹. Was einem letztendlich am Ende des Tages motiviert, um hinauszugehen und zu laufen, das ist doch egal. Hauptsache, es ist da. In meinem Fall sind das vielleicht ein paar mehr Schuhe, Hosen, Shirts und Jacken als notwendig – aber hey, immerhin bin ich für jedes Wetterextrem gerüstet und hatte schon lange keinen Grund mehr, um sagen zu können: ›Ich kann heute nicht laufen, ich habe nichts zum Anziehen.‹«

4074

LAUFEN BEI UNTERSCHIEDLICHEN WETTERBEDINGUNGEN

Im Winter zu kalt, im Sommer zu warm. Im Frühjahr muss geputzt werden und außerdem fliegen Pollen. Das Läuferleben ist hart – eines der härtesten, um genau zu sein. Wer bei einem der unzähligen Herbstlaufangebote ambitionierte Zeiten erlaufen möchte, darf sich also nicht von Urlaubszeiten, Biergarteneinladungen und den Rauchzeichen der Grillplätze aus dem Konzept bringen lassen. Aber warum auch? Diese positiven Aspekte der warmen Jahreszeit lassen sich doch prima in die Trainings- und Wettkampfplanung einbeziehen. Aus eigenen Erfahrungen können wir euch versichern: Die Sommervorbereitung auf einen Laufevent ist weitaus »freizeitkompatibler« als das Training im Winter.

LAUFEN IM SOMMER

Zum einen ist es länger hell, man kann somit die Laufplanung viel flexibler gestalten als in der Winterzeit. Zudem können euch eure Lieben auch einfach(er) begleiten, zum Beispiel mit dem Fahrrad oder den Inline-Skates. Unabhängig von der Freizeitgestaltung können die längeren Tage auch eine Einladung sein, um mal wieder zur Arbeit zu laufen – oder vom Büro nach Hause. Oder man steigt ein paar Bahnstationen eher aus und joggt zur finalen Destination.

Juli und August. Das sind die zwei Monate, an denen – zumindest statistisch gesehen – in Deutschland am wenigsten gearbeitet wird. Ja, der Sommerurlaub ist und bleibt heilig. Untätig wollt ihr ja nicht sein, und außerdem steht doch die Teilnahme beim (Halb-)Marathon an. Wie verträgt sich bloß der Familienurlaub mit dem Training? Ein teilweise schmaler Grat, aber durchaus machbar. Besprecht eure Pläne am besten schon direkt bei der Urlaubsplanung mit der Familie. Bietet dem Partner am besten an, dass auch dieser ein Projekt für den Urlaub planen kann und dass beispielsweise jeder zweite Tag der Familie gehört. Oder habt ihr vielleicht schon einmal daran gedacht, eure Lieben in das Kraft- und Athletiktraining einzubeziehen? Gerade Kinder haben erfahrungsgemäß großen Spaß daran.

Eine weitere, nette Alternative ist das Training am frühen Morgen. Gut, das erfordert Selbstdisziplin, schlägt aber »zwei Fliegen mit einer Klappe« – oder sogar drei. Erstens sind die Temperaturen in den frühen Morgenstunden noch

PRO-TIPP

Habt ihr eigentlich auch schon festgestellt, dass im Sommer, trotz hoher Temperaturen, alles vermeintlich leichter geht und man in der Regel über mehr Tatendrang verfügt? Das liegt daran, dass durch die Sonne mehr Vitamin D in der Haut gebildet wird. Vitamin D gehört zu der Gattung der Prä-Pro-Hormone und wirkt sich positiv auf die Gesundheit und die sportliche Leistungsfähigkeit aus, ist wichtig für die Prävention von kardiovaskulären Krankheiten und sorgt für ein starkes Immunsystem.

Beim »Discovery Run« durch die Wüste Negev während unseres Israelurlaubs (o.). Routencheck vor dem Wettkampf (u.).

angenehm. Zweitens gewöhnt ihr euren Körper schon einmal an die Belastung am Morgen, ihr trainiert quasi unter Wettkampfbedingung. (Die Laufveranstaltungen erfordern ja auch immer sehr zeitiges Aufstehen). Drittens punktet ihr sicher bei eurem/eurer Partner/in, da ihr vermittelt, dass das Training nicht die oberste Priorität hat und um die Urlaubsaktivitäten herumgeplant werden kann, nicht umgekehrt.

DIE WETTKAMPFPLANUNG

Auch hier empfiehlt es sich, die Familie einzubinden. Sucht ein paar Strecken und Termine heraus, mit welchen ihr liebäugelt, und entscheidet dann gemeinsam. Plant entweder einen gemeinsamen Städtetrip mit Laufabstecher oder offen und ehrlich ein Lauffreunde-Wochenende. Wie auch immer: Spielt mit offenen Karten und erklärt euch. Das bringt nicht nur Pluspunkte, sondern auch großes Verständnis, der Haussegen hängt nicht schief, und im besten Fall fiebern alle dann auch noch mit.

Mal abgesehen von der Familie und sonstigen Verpflichtungen: Laufen ist eine wahrhaftige Metapher fürs Leben, und so gilt es – im Training wie auch im gewöhnlichen Alltag –, kleine Brücken zu bauen. Macht aus jeder Situation das Beste, immer und sowieso, und überlegt, wie ihr das Angenehme mit dem Nützlichen verbinden könnt.

Was und wie auch immer: Passt eure Erwartungen an euch und die äußeren Umständen an, seid realistisch. Wenn das Thermometer zu platzen droht, macht es keinen Sinn, das Tempotraining in der angedachten Intensität durchzuziehen. Seid vernünftig – immer! – und hört – grundsätzlich! – auf euren Körper. Er wird es euch danken.

ERNÄHRUNG

Viele Menschen leiden darunter, bei Hitze keinen großen Appetit zu verspüren. Generell gilt aber im Sommer wie im Winter: Wer fleißig trainiert, der muss auch fleißig essen! Wir empfehlen daher allen »Hitze-Appetitlosen«, zumindest eine Hühner- oder Gemüsebrühe zu trinken. Diese enthält Salze und Mineralstoffe. Außerdem viel Obst und Gemüse. Das spendet Wasser und Vitamine.

PRO-TIPP

Eine kalte Dusche vor dem Training kühlt den Körper herunter und sorgt somit dafür, dass die Hitze später zuschlägt. Ihr werdet also auch entsprechend etwas später beginnen zu schwitzen. Das verzögert den Elektrolytverlust etwas.

FLÜSSIGKEITSZUFUHR

Ein weitverbreiteter Irrglaube ist, dass man bei Hitze eiskalte Getränke zu sich nehmen sollte, um die Körpertemperatur herunterzukühlen. Dies ist falsch! Bei der Einnahme von eiskalten Getränken ist der Körper zuerst verwirrt und versucht, die Temperatur auszugleichen. Das führt dazu, dass man noch mehr schwitzt. Besonders nach dem Training empfehlen wir daher, lauwarme Getränke zu sich zu nehmen. Am besten mineralreich, wie zum Beispiel Obst- und Gemüsesäfte oder zimmertemperiertes Mineralwasser.

WICHTIG

Das Training in der Hitze erfordert eine längere Regenerationszeit als bei kalten Temperaturen! Bitte plant besonders nach langen Läufen entsprechend mehr Erholungszeit ein. Die Alternative: Sehr zeitig aufstehen und bei »milderen« Temperaturen trainieren.

PRO-TIPP 1

Weniger ist manchmal mehr. Es ist okay – und auch nicht zu vermeiden –, die ein oder andere Einheit ausfallen zu lassen, aber bitte gleicht das mit euren Erwartungen ab. Besonders in den letzten Tagen vor einem Wettkampf kann Ausgefallenes nicht mehr nachgeholt werden. Und noch etwas, von uns an euch: Es muss nicht immer eine neue Bestzeit sein. Laufen ist sehr tagesformabhängig, und je länger die Distanz, desto mehr spielen äußere Umstände eine Rolle. Wenn ihr also merkt, dass es am Wettkampftag nicht sein soll, nehmt das Tempo raus und schaltet in den Genussmodus.

PRO-TIPP 2

Isotonische Getränke oder oder eine aufgelöste Elektrolyt-Brausetablette beugen einem Mineralstoffverlust vor. Absolut empfehlenswert, gerade bei warmen Temperaturen.

PRO-TIPP 1

Sonnenbaden kostet Kraft. Die UV-Strahlung regt die Stoffwechselprozesse in unserem Körper an, und das fordert viel Energie. Daher empfehlen wir wärmstens, die Laufeinheit nicht unmittelbar an das Sonnen anzuschließen.

PRO-TIPP 2

FÜR LANGE LÄUFE IM SOMMER

Sucht euch keinen Rundkurs, sondern eine Punkt-zu-Punkt-Strecke. Am besten mit Ziel an einem See, der Lieblingseisdiele oder den favorisierten Biergarten. Im Idealfall erwartet euch dann dort schon die Familie und/oder Freunde mit einem erfrischenden Getränk.

10 »MUST-HAVES UND TO-DOS« IM SOMMER

1. Keine falsche Eitelkeit, bitte tragt einen Kopfschutz.
2. Unverzichtbar: Sonnencreme auftragen – auch in den Kniekehlen. (Am besten spezielle Sportsonnencreme. Diese lässt sich durch Schweiß nicht wegspülen.)
3. Anti-Zecken- und Mückenlotionen nutzen.
4. Ausreichend trinken! Davor, währenddessen und danach!
5. Habt immer ein paar Euro für unterwegs dabei. Entweder für das Bahn-/Busticket oder ein isotonisches Getränk am Kiosk.
6. Sucht euch Laufstrecken mit viel Schatten und möglichen Abkürzungen, so findet ihr Schutz vor der Hitze und üblen Überraschungen wie Sommergewitter.
7. Bei längeren Läufen immer ein geladenes Handy dabeihaben.
8. Beugt einem Elektrolytmangel und Muskelkrämpfen vor, indem ihr vor und nach schweißtreibenden Einheiten bewusst salz- und mikronährstoffreich esst/trinkt.
9. Plan B! Eine Runde Radfahren gilt auch als Grundlagenausdauertraining und entlastet den Stützapparat.
10. Eigentlich selbsterklärend, aber dennoch: lockere, luftige Funktionskleidung statt oben abgeschlossene Shirts.

LAUFEN IM WINTER

AUFWÄRMEN

Für die Muskulatur und für die Gelenke sind gewissenhaftes Aufwärmen vor den Einheiten und ein Cool-down nach dem Training in der kalten Jahreszeit Pflicht.

INFEKTEN VORBEUGEN

Achtung, Erkältungsgefahr: Wessen Laufrunde nicht unmittelbar vor der eigenen Haustür endet, der sollte immer trockene und warme Wechselsachen im Gepäck haben. Zu Hause angekommen das offene Fenster schnell schließen: Ein Vitamin-Protein-Kohlenhydrat-Mix nach dem Training peppt den geschwächten Körper schnell wieder auf und mindert so den »Open-Window-Effekt«.

KLEIDUNG UND AUSRÜSTUNG

Versichert euch, dass eure Laufklamotten reflektierende Elemente besitzen oder verseht sie mit zusätzlichen Reflektoren. Mit einer Stirnlampe stellt ihr sicher, das ihr im Dunkeln gut sehen könnt und gut gesehen werdet. Nasses Laub und Bodenfrost können ganz schön rutschig sein. Probiert daher eure »Sommersohle« zunächst vorsichtig aus. Nicht alle Gummimischungen greifen auf nassem Asphalt oder rutschigem Untergrund gut. Empfehlenswert ist grundsätzlich eine gröbere Sohle.

FLÜSSIGKEITSZUFUHR

Auch im Herbst/Winter gilt: Ausreichend trinken! Selbst wenn die Kälte unser Durstempfinden mindert, so verbrauchen wir doch ähnlich viel Flüssigkeit wie an wärmeren Tagen. Grund hierfür ist, dass der Körper die eingeatmete Luft beim Erwärmen automatisch befeuchtet. So entsteht mit jeder Ausatmung ein kleiner Flüssigkeitsverlust.

PRO-TIPP 1

Das Training so oft es geht ins Freie verlagern und nicht aus Angst vor Kälte das Laufband vorziehen. Im Winter verbringen viele Menschen nur 15 bis 20 Minuten an der frischen Luft. Das ist eindeutig zu wenig und schadet unseren Vitamin D3-Reserven.

PRO-TIPP 2

Die Autoren empfehlen, besonders nach sehr anstrengenden Trainingseinheiten, das Immunsystem mit einer Portion Vitamin C zu unterstützen.

PRO-TIPP 3

Es kann durchaus sinnvoll sein, Vitamin D3 während der Wintermonate zu substituieren.

DIE LÄUFER- UND OUTDOOR-NETTIQUETTE

Und nun noch ein persönliches Anliegen beider Autoren, niedergeschrieben von Sandra.

Seit der Geburt meiner ersten Tochter, 2011, ist der (Lauf-) Sport nicht mehr aus meinem Leben wegzudenken. Bei Basti sind es bereits über 30 Jahre. Sport bedeutet für uns Freiheit, Urlaub vom Alltag und abschalten. Es bedeutet ebenso: Die Gedanken fließen lassen, in sich hineinhören und den Emotionen nachspüren, die man in der Hektik des Alltags schnell mal zur Seite geschoben hat.

Deswegen laufe ich, Sandra, oft allein, und sehr gern lang, respektive weit. Denn mit jedem Schritt komme ich dem Zustand der Klarheit, der emotionalen und gedanklichen Ordnung, näher. Auch in Lockdown-Zeiten, in denen nichts so war, wie gewohnt beziehungsweise wie ursprünglich mal angedacht, kristallisierte sich das Laufen erneut als besondere Konstante heraus. Als physisches und psychisches Gleichnis oder gar als Art Symbiose.

Wieso erzähle ich euch das? Warum schwadroniere ich hier über das Laufen, plaudere aus und schreibe nieder, was für Tausende und Abertausende von Menschen doch schon seit langer Zeit zum Alltag gehört? Weil unsere Läufergemeinde jeden Tag wächst. Und das ist gut so!

Jeder Mensch, der sich bewegt – sei es laufend, wandernd, walkend, spazierend, skatend oder radelnd –, tut sich selbst etwas Gutes. Und somit auch seinem Umfeld. Sollte man zumindest meinen. Doch das mit dem Umfeld beim Sporteln ist so eine Sache. Im Prinzip sollten doch alle, die sich auf den selben Wegen austoben, nach der selben Ordnung in Kopf und Körper suchen, gleich ticken. Oder zumindest ähnlich. Aber tun sie das auch?

Ich machte öfter die Beobachtung, dass einige von uns, also von denen, die schon seit längerer Zeit am liebsten täglich die Laufschuhe schnüren oder die Walkingstöcke schwingen, den Eindruck vermitteln, sie hätten ein Vorrecht auf Wegen, Wiesen und in Wäldern.

»Alles so voll!«, hörte man da.
»Wo waren all die Menschen vor der Pandemie?«, wurde sich beklagt.
»Menschenslalom ist mein derzeitiges Athletiktraining«,
klang es genervt.

Liebe »Alteingesessene«: Ist es wirklich das Bild, welches wir nach außen vermitteln wollen? Das Bild der »Grumpy Old Runners/Walkers Clubs«, deren Mitglieder nicht offen für Neues oder für Veränderungen sind? Wollen wir uns etwa über Nachahmer beklagen? Ich sage es euch ganz ehrlich: Ich freue mich über einen jeden Einzelnen da draußen, der sich bewegt, egal in welcher Form! Denn er oder sie ist »aufgeräumt«, sinnbildlich und wortwörtlich. Wer sich bewegt, der fühlt sich im Anschluss besser, profitiert von der Endorphinausschüttung, er ist viel mehr im Reinen mit sich selbst. Und genau das brauchen wir, braucht ein jeder!

Es gibt wenige Probleme, die sich nicht durch eine Nase voll frischer Luft, ein paar Schritte im Grünen und ein paar Minuten Ruhe zumindest teilweise relativieren lassen. Und deswegen an dieser Stelle – für die einen als Erinnerung, für die anderen zur Begrüßung – als herzliches Willkommen die ...

Egal ob im Stadion, auf der Straße oder am Berg: Die Outdoor-Nettiquette gilt überall, wo Sport getrieben wird.

... 10 REGELN DER LÄUFER- UND OUTDOOR-NETTIQUETTE

1. Grüßt entgegenkommende Jogger/Walker/Wanderer/Radler. Wer nicht zurückgrüßt, ist sicherlich gerade in Gedanken vertieft.
2. Wenn ihr merkt, dass euch jemand überholen möchte: Lasst ihn passieren. Dies gilt besonders auf schmalen Wegen!
3. Radfahrer: Beim Passieren von Menschengruppen/Kindern/Menschen mit Hunden: TEMPO RAUS!
4. Lauffreundschaften: Bitte nicht zu dritt oder viert laut quatschend nebeneinander laufen, denn so könnt ihr das Geschehen vor und hinter euch nicht mehr wahrnehmen.
5. Eigentlich selbstverständlich, dennoch: Auch benutzte Taschentücher und anderer Unrat gehören in den Müll, nicht an den Wegesrand.
6. Bleibt möglichst auf Wegen, unserer Natur zuliebe!
7. Kopfhörer nie so laut, dass ihr nicht mehr hört, was um euch herum geschieht.
8. Seid umsichtig bei allem, was ihr tut. Und seid dankbar – dankbar dafür, dass ihr gesund seid, zu jeder Zeit raus in die Natur könnt und nach Lust und Laune sporteln könnt.
9. In Pandemiezeiten/zur Grippesaison: Haltet euch an eventuell vorgegebene Gruppengrößen sowie an den vorgeschriebenen Mindestabstand.
10. Passiert vor allem ältere Menschen immer mit genügend Abstand.

LAST BUT NOT LEAST

Wir sind alle ein Team. Wir sind Sportler, egal, wie wir das ausleben, egal, wie weit, wie schnell, wie oft oder wie lang wir laufen. Wir bewegen uns, weil es uns guttut, weil es uns weiterbringt, weil es Sicherheit gibt, Vertrauen in uns selbst, in unseren Körper. Nehmt Rücksicht aufeinander, egal ob ihr Anfänger oder Profi seid. Und habt Spaß! *Simply Running!*

KAPITEL 2

DIE GRUNDPRINZIPCHEN DER TRAININGSLEHRE

WICHTIGE TRAININGSTIPPS

Sandra: »Hier spiele ich das Fahrtspiel mit Runningbuddy Hund Major.«

Beginnen wir mit der Kontinuität. Sprichworte wie »Einmal ist keinmal«, »Eine Schwalbe macht noch keinen Sommer« oder auch das immer wieder gern genommene »Ohne Fleiß, kein Preis« veranschaulichen, dass es mehr braucht als einen Lauf um den Block, um in Zukunft den Asphalt glühen zu lassen. Ein Sprichwort, das im sportlichen Kontext immer wieder auftaucht, aber nur wirklich im Englischen gut klingt, ist: »Hard work beats talent when talent doesn't work hard.«

DABEI BLEIBEN

Das bringt es eigentlich schon auf den Punkt. Nur wenn ihr euer Training über einen langen Zeitraum kontinuierlich absolviert, wird sich langfristiger Erfolg einstellen. Und da ist es unerheblich, ob ihr zweimal pro Woche eure Runde dreht oder fast jeden Tag eure Laufschuhe schnürt. Eure Form verbessert und stabilisiert ihr nur, wenn ihr längere Trainingspausen vermeidet. Selbstverständlich geht es schneller, wenn ihr öfter trainiert, wobei ihr immer darauf achten müsst, wie viel Training euer aktueller Fitnessstand überhaupt zulässt. Bevor ihr euch verletzt – ein weiteres Sprichwort – ist weniger oft mehr.

Wenn ihr die Kontinuität bereits abgehakt habt, regelmäßig laufen geht, sich aber trotzdem keine weitere Verbesserung einstellt, ist es Zeit für euch, Kontinuität mit Abwechslung zu kombinieren. Jetzt, wo auch noch Abwechslung Teil des Trainings sein soll, wird es Zeit für uns, euch einige Fachbegriffe um die Ohren zu schleudern. Keine Sorge, wir bleiben bei *Simply Running* und erklären alles ganz einfach.

TRAININGSREIZE SETZEN

Euer Körper reagiert auf verschiedene Reize mit Anpassungsprozessen. Manche Reize müsst ihr öfter setzen, um ein stabiles Fundament zu schaffen. Andere, fordernde Reize, setzt ihr dosierter ein, um eurem Körper genügend Zeit zu geben, sich von diesem hohen Reiz zu erholen und entsprechend anpassen zu können. Leider funktioniert »immer Vollgas« nicht, da durch das weniger intensive Training die Grundlagen geschaffen werden, um das Training mit höheren Intensitäten besser umsetzen zu können. Der Mix macht's. Klingt eigentlich gar nicht so schwierig. Laufen ist ja auch einfach, kann aber doch recht kompliziert werden,

SEBASTIANS ANEKDOTE

NEUE REIZE SETZEN

Im Rahmen der Fragerunde eines Laufworkshops kam von einem Teilnehmer die Anmerkung, dass er sich seit fast zwei Jahren läuferisch nicht mehr verbessere. Auf Rückfrage erklärte er, dass er in der Regel dreimal pro Woche seine Runde von etwa acht Kilometern läuft. Anfangs habe er sich stark, dann immer weniger und dann zwei Jahre nicht mehr verbessert. Seine Bestleistung stagnierte bei 42 Minuten. Durch weiteres Nachhaken kam heraus, dass der Läufer seine Runde immer gleich lief. Raus aus der Tür, möglichst gleichmäßiges, aber schnelles Tempo, um den Rundenrekord weiter zu verbessern. Mal war er näher dran, mal unbefriedigend weit weg. Es war immer die gleiche Soße, und der Körper hatte sich einfach daran gewöhnt. Es waren keine weiteren Anpassungsprozesse notwendig, um die Runde zu

wenn ihr darüber nachdenkt, welche Elemente ihr in euer Training einbauen wollt, wie lang diese sein sollen und wie oft sie vorkommen dürfen oder sollten. Sicher habt ihr schon einmal die Sprüche »Viel hilft viel« und »Von nichts kommt nichts« gehört. Beides klingt ähnlich, aber die beiden könnten nicht unterschiedlicher sein. »Viel hilft viel« ohne Verstand wird euch nicht schneller machen, sondern dafür sorgen, dass ihr häufiger verletzt seid. »Von nichts kommt nichts« zeigt euch, dass ihr auch mal dem Schweinehund den Schwanz kringeln müsst, um euch zu verbessern. Das soll euch aber nicht davon abhalten, auch mal Luft an die Beine zu lassen.

Um euer Training abwechslungsreicher zu gestalten, habt ihr verschiedene Möglichkeiten. Ihr könnt eure Läufe in der Zeitdauer und der Geschwindigkeit variieren. Wenn ihr die Wahl zwischen hügeligen und flachen Laufstrecken habt, steht euch sogar noch eine weitere Option zur Gestaltung eurer Aktivität zur Verfügung. Das Wichtigste, aber oft am stiefmütterlichsten behandelte Trainingsmittel, ist die Regeneration. Auch Ruhetage gehören zum Training! Die Trainingsenthusiasten unter euch runzeln jetzt vielleicht die Stirn, aber was jeder Bodybuilder mit der Muttermilch aufsaugt, gilt auch für Läufer: In der Pause wächst der Muskel. Zugegeben, bei Läufern mehr so im Inneren und nicht im deutlich sichtbaren Bereich, aber ihr wisst, was wir meinen.

Kommen wir zurück zum aktiven Teil des Trainings, wir wollen nun den Nutzen eines variantenreichen Trainings veranschaulichen. Sicher habt ihr ein Lieblingsgericht oder etwas, das euch das Wasser im Mund zusammenlaufen lässt. Wenn ihr daran denkt, dann könnt ihr euch bestimmt auch vorstellen, eure Leibspeise jeden Tag zu essen. Ist doch lecker. Aber stellt euch vor, ihr würdet das tatsächlich machen. Jeden Tag, morgens, mittags und abends das Gleiche. Eure Geschmacksnerven würden schon sehr bald nicht mehr in die erhoffte Ekstase beim ersten Bissen geraten, euer so geliebtes Lieblingsessen ginge der Reiz verloren. Zugegeben: Die Anpassungsprozesse eines Lauftrainings laufen etwas anders, aber wenn der nötige Mix fehlt, dann fehlt dem Körper auch der notwendige Reiz. Das Gericht schmeckt immer noch gleich, euer Körper hat sich nur daran gewöhnt und reagiert entsprechend träge darauf. Übertragen auf euer Lauftraining bedeutet das: Ohne neue

Reize haltet ihr ein Leistungslevel, ihr werdet euch aber nicht weiter verbessern.

EINHEITSBREI VERMEIDEN

Jetzt haben wir schon recht oft das Wort Grundlage verwendet. Aber was die Grundlage eigentlich ist, haben wir noch nicht verraten. Ein wenig Geduld müsst ihr noch aufbringen, allerdings sei schon gesagt, dass eure Dauerläufe nicht immer gleich schnell und gleich weit sein müssen. Am besten ihr variiert auch hier in der Länge und in der Geschwindigkeit. Solange ihr euch noch unterhalten könnt, solltet ihr im richtigen Stoffwechselbereich unterwegs sein.

absolvieren, und die Grundlage des Läufers war zu dünn, um noch höhere Reize zu setzen oder umzusetzen. Er musste neue Reize setzen, seinem Körper neue Herausforderungen stellen. Er bekam folgenden Tipp: Einmal in zwei Wochen sollte er jede Steigung der Runde so schnell laufen, dass er am höchsten Punkt zwar nicht gerade gehen musste, aber das Weiterlaufen sollte ihm dann schwerfallen. Dazu sollte er einmal in zwei Wochen jedes Gefälle schnell laufen und besonders auf seine Lauftechnik achten. Und zu guter Letzt: Einmal in zwei Wochen sollte er seine Runde langsam, aber zweimal hintereinander laufen. Das Ergebnis: Er verbesserte seinen Rundenrekord auf unter 40 Minuten. Natürlich hat auch diese Anpassung ihre Grenzen, und sicherlich hätte man das Training noch viel genauer analysieren und umstellen können. Für jemanden, der ohne Trainingsplan und nur aus Freude an seinem eigenen Rundenrekord läuft, war es aber wohl gerade richtig.

DIE GRUNDLAGEN
ODER EINE PIZZA OHNE BODEN IST AUCH NUR SOSSE

Ihr wisst jetzt, dass langsam(er)e Dauerläufe eure Basis bilden, dass ab und zu schnellere Passagen in den Läufen für die notwendigen Reize sorgen, damit sich euer Körper an höhere Belastungen anpassen kann, und ihr wisst, dass die richtige Mischung entscheidend ist.

Die lockeren Dauerläufe absolviert ihr am besten in einem Laktatbereich – halt, stop! – absolviert ihr am besten in einem Geschwindigkeitsbereich, in dem ihr euch noch gut unterhalten könnt. Natürlich atmet ihr schwerer als beim Entenfüttern im Park, aber ihr solltet so entspannt sein, dass ihr eine vernünftige Konversation führen könnt. Diese lockeren Läufe bilden das Kerngeschäft eurer läuferischen Aktivitäten. Das ist der Umsatz, von dem ihr lebt. Über den Daumen gepeilt verbringt ihr etwa 80 Prozent eurer Läufe damit, locker zu laufen. Alle anderen Varianten von schnelleren Läufen – wie Intervalltraining (schnelle und langsame Passagen wechseln sich ab) oder zum Beispiel gesteigerte Dauerläufe, bei denen ihr langsam beginnt und zum Ende hin immer schneller werdet –, sind das Salz in der Suppe.

Vielleicht stellt ihr euch die Frage, warum ihr nicht einfach vor die Tür gehen könnt und eure Runde »Vollgas« absolviert, um durch diese wirklich hohen Reize euren Körper täglich zu mehr Anpassungsprozessen zu prügeln. Das wäre die »Viel-hilft-viel-Methode«, und dass die nicht langfristig hilft, haben wir ja schon deutlich gemacht. Zu sagen »wenig hilft viel« wäre wahrscheinlich auch falsch, also sagen wir einfach: »Kontrolliertes Laufen hilft viel mehr, als ihr denkt.«

GRUNDLAGENTRAINING

Grundlagentraining heißt nicht, so langsam wie möglich zu laufen, sondern so schnell, dass der Körper dazu angehalten wird, sich weiter anzupassen. Es heißt aber auch, so langsam zu laufen, dass er sich von dem Lauf schnell genug regenerieren kann, um für die nächste Herausforderung bereit zu sein. Jeden Tag powern würde die Regenerationsfähigkeiten eines jeden Läufers überfordern. Zu langsam laufen schadet euch nicht, da ihr euch an der frischen Luft oder im frischen Fitnessstudio bewegt und etwas dafür tut, dass ihr die Rentenkasse länger belastet, als es dem Staat vielleicht lieb ist. Eure Grundlagenausdauer werdet ihr im Schweinsgalopp allerdings auch nicht verbessern. Wobei

SEBASTIANS ANEKDOTE

TRAININGSKILOMETER SAMMELN

Ich will und wollte Zeit meines Läuferlebens nie Marathon laufen. Die Wettkampfstrecke hat mich wohl gereizt, das Training dafür fand ich nie wirklich reizvoll. Läuferjahr für Läuferjahr verging, ich sammelte fleißig immer mehr Trainingskilometer, und meine Grundlagenausdauer wurde immer stabiler. Dann fragte mich ein befreundeter Läufer, ob ich mit ihm den Transalpine Run *laufen möchte. Zuvor war ich in meinem Leben noch nie länger als 33 Kilometer gelaufen. Aber ich habe es mir aufgrund meiner vielen Lebenskilometer und den vielen langen Bergtouren, die ich absolviert hatte, zugetraut. Und so kam es, wie es kommen musste, wenn man sich auf eine Alpenüberquerung vorbereitet: Ich bin in der Vorbereitung – wir hatten ein halbes Jahr Zeit – einen Marathon gelaufen. Und die Woche darauf gleich noch einen. Ohne zuvor Marathontraining absolviert zu haben. Es hat geklappt, beide Male sogar mit einem Platz ganz oben auf dem Treppchen. Meine damals schon über 20-jährige Laufkarriere hatte mir genug Grundlagenkilometer beschert, sodass ich 42,195 Kilometer am Stück laufen konnte – und mich davon auch erholte.*

man sagen muss, dass auch schon bei Geschwindigkeiten, die individuell als richtig langsam empfunden werden, noch ein Trainingseffekt vorhanden ist. Sich auch mal unterfordert fühlen ist also durchaus erlaubt.

Eine Wanderung in den Bergen ist sicher langsamer als ein langsamer Dauerlauf im Flachen, die steilen Passagen aber sicher so fordernd, dass die Grundlage verbessert wird. Und weil es gerade passt: Habt keine Angst, auch mal zu gehen, um den Puls nicht zu sehr in die Höhe schnellen zu lassen. Geht auch Profis so.

GRUNDLAGENAUSDAUER

Wenn man eine läuferische Gleichung aufstellen möchte, dann ist Grundlagenausdauer : Alter = Regenerationsfähigkeit. Das Alter muss leider in die Formel mit rein. Das kennt aber jeder, der mit 40 Jahren noch einmal den Cocktailrekord aus seinen Zwanzigern angegriffen hat und am Montag feststellen musste, dass es da eine ähnliche Gleichung gibt. Cocktails x Alter = Regenerationsdauer. Ersetzt die Cocktails durch Belastungshöhe, kombiniert die beiden Gleichungen – und ihr werdet feststellen, dass euch eine brutale Grundlagenausdauer auch an der Bar hilft.

Die Grundlagenausdauer ist also Basis dafür, wie sehr ihr euren Körper in bestimmten Abständen belasten könnt. Das bezieht sich nicht nur auf einzelne Trainingswochen oder Monate. Jede Woche, jeder Monat, ja jedes Jahr, in dem ihr lauft, stellt euch läuferisch auf ein stabileres Fundament. Laufjahre – kontinuierliches Training vorausgesetzt – bringen Zinsen, und so verbessert sich eure Grundlagenausdauer stetig weiter und wird immer stabiler. Es kommt nicht von ungefähr, dass bei vielen Profis die Strecken mit dem Alter länger werden. Das hat nicht nur mit einem kleinen Geschwindigkeitsverlust zu tun, sondern auch damit, dass einfach über viele Jahre die Grundlagenausdauer so gut ausgebildet wurde, dass stabile Höchstleistungen auf den langen Distanzen abgerufen werden können. Natürlich gibt es auch Weltklasse-Marathonläufer, die noch weit von der 30 entfernt sind, aber Eliud Kipchoge beispielsweise war bei seinem Weltrekord beinahe 34 Jahre alt, und Kenenisa Bekele war mit 37 Jahren nur zwei Sekunden langsamer. Zwei alte Hasen mit vielen Kilometern in den Beinen. Laufjahre bringen euch quasi Zinsen.

QUICK AND DIRTY

SCHNELLE TRAININGSEINHEITEN

Zu Beginn – bei den Grundprinzipchen – haben wir geschrieben, dass eine Schwalbe noch keinen Sommer macht und ihr Kontinuität in eure Laufaktivitäten bringen müsst, um euch weiter zu verbessern. Was im Großen, also für alle eure Läufe gilt, gilt auch im Kleinen für jeden einzelnen Lauf. Das heißt, dass ihr bestimmte Trainingseinheiten öfter wiederholen müsst, bis sich euer Körper daran angepasst hat. Erst dann geht ihr den nächsten oder einen anderen Schritt.

Wenn ihr nur ein einziges Mal in eure Runde schnellere Passagen einbaut, ist das zwar furchtbar anstrengend und euer Körper wird darauf reagieren – sehr wahrscheinlich mit Muskelkater –, aber dauerhaft anpassen wird er sich nicht. Unsere Körper sind nämlich Optimierungsfetischisten und vergeuden keine Energie für Anpassungen auf nicht ständig wiederkehrende Anforderungen. Viel schlimmer noch – unsere Körper bauen auch zurück, wenn sie merken, dass etwas, das wir über Jahre trainiert haben, mal eine Weile nicht gebraucht wird. Ihr müsst euch aber keine Sorgen machen, denn alles, was man sich schon einmal antrainiert hat, ist ganz schnell wieder da. Der Körper optimiert sich nämlich nicht nur, er erinnert sich auch ganz gut. Um unser Optimierungswunder nun dazu zu bekommen, sich dauerhaft anzupassen, müssen wir es dauerhaft fordern. Ihr müsst in eurem Trainingsalltag also regelmäßig die schnelleren Einheiten einbauen, damit der Körper weiß: »Hoppla, das kommt ja öfter auf mich zu, das ist anstrengend, das will ich einfacher haben.« Dann bereitet er sich auf die kommenden Aufgaben vor.

WENN MAL WENIG ZEIT ZUM TRAINIEREN BLEIBT

Schnelle Trainingseinheiten – »quick« – geben also eurer Laufform ordentlich Auftrieb, und ihr könnt euer Training damit kurz und knackig gestalten. Ob sie dann auch »dirty« sind, entscheidet das Wetter. Auch wenn ihr es schafft, eure lange Laufeinheit schneller zu gestalten, seid ihr trotzdem noch eine ganze Weile unterwegs. Solltet ihr euch in dem Dilemma befinden, dass die Kinder aber schon in einer halben Stunde nach Hause kommen oder die Zeitspanne von eurer Mittagspause bis zum nächsten Meeting auch keinen lockeren Lauf von wenigstens 30 Minuten zulässt, dann habt ihr immer noch die Möglichkeit, eurem Stoffwechsel etwas um die Ohren zu hauen, womit er sich für den Rest des Tages beschäftigen kann. Ihr habt als nur 30 Minuten Zeit? Schnell umziehen dauert fünf Minuten, und ein kurzes Warm-up bekommt ihr in zehn Minuten unter. 15 Minuten sind noch übrig – und die reichen auch. Nach dem zehnminütigem Warm-up lauft ihr einfach drei Minuten so schnell es geht. Ihr lauft quasi euer eigenes Rennen gegen die Mittagspause oder die trippelnden Kinderschritte, die sich der Haustür nähern. Die Stoppuhr zeigt drei Minuten an, ihr verlangsamt das Tempo und schleppt euch mit brennenden Beinen und Lungen locker und langsam fünf Minuten zum Startpunkt, um herunterzukühlen. Geschafft! Zwei Minuten geduscht, fünf Minuten für das Anziehen und ihr seid bereit, den Rest des Tages in Angriff zu nehmen. Sicher ist das ein extremes Beispiel, wie man eine Trainingseinheit in den Alltag quetschen kann. Es soll euch aber motivieren, die Zeitfenster zu nutzen, die euch euer Alltag bietet, auch wenn es mal hoch hergeht. Sollte die Einheit aber mehr Stress bedeuten als Trainingseffekt bringen, gönnt euch einen Ruhetag.

Der Autor dieses Buchs hat einen großen Teil seines Läuferlebens damit verbracht, schnellere Runden drehen zu wollen. Das haben wir zum Anlass genommen, eine »Top 10 der Quick & Dirty-Trainings« zu kreieren. Ein paar Klassiker sind dabei, aber vielleicht lesen ja auch Neulinge mit. Und weil die Autorin nicht nur ultraweit laufen kann, sondern den Puls auch gern mal in die Höhe treibt, kommt die Hälfte der Programme, die euch auf jeden Fall schneller machen, von ihr. Ladys first, die Autorin beginnt.

Sandra: »Hier bin ich bei meiner Lieblings-›Quick & Dirty- Disziplin‹: Vollgas querfeldein!«

SANDRAS QUICK & DIRTY

1 VOLLGAS QUERFELDEIN

Sucht euch ein abgeerntetes oder frisch gepflügtes Feld, definiert mit einem konzentrierten Blick ein Ziel, merkt euch den Startpunkt – und lauft! Die Länge der Pausen entscheidet ihr, das Tempo die Bodenbeschaffenheit. Das Workout geht auch super im Tiefschnee.

2 STAIRMASTER

Dafür braucht ihr natürlich Treppen. Habt ihr die gefunden, steht einem Workout nichts mehr im Weg. Egal ob ihr die Stufen einfach oder doppelt nehmt oder mit verschiedenen Sprungvarianten nach oben gelangt: Hauptsache, euer Puls geht nach oben und eure Oberschenkel wissen danach, was sie getan haben.

3 FAHRTSPIEL NACH LUST UND LAUNE

Beim Start wisst ihr nur, dass euer Tempo dauernd wechseln soll. Sucht euch während eures Laufs Fixpunkte wie Parkbänke, Bäume oder parkende Autos und variiert zwischen euren Zielen andauernd das Tempo. Diese Ausführung verwirrt euch? Ein kleines Fahrtspiel-»Tutorial« habe ich auf den nachfolgenden Seiten für euch zusammengeschrieben.

4 HILLS

Ein Workout, das sich beispielsweise super eignet, wenn man als Ballettmama eine Stunde Wartezeit hat (die Autorin weiß, wovon sie spricht). Warm-up zum nächsten sehr steilen Berg, kurze Hill-Sprints (das waren auch mal um die 40), bis es Zeit war, wieder zurückzulaufen – und fertig.

5 JUMPS

Sucht euch eine Parkbank oder eine niedrige Mauer. Aus der Kniebeuge springt ihr mit beiden Beinen auf die Sitzfläche beziehungsweise auf die Mauer und landet wieder in der Startposition (halbe Kniebeuge). Und wieder zurück auf den Boden in Ausgangsposition. Wenn ihr euch nicht traut, rückwärts runterzuspringen, dann könnt ihr die Beine auch nacheinander nach unten nehmen. Intensiver ist es aber, rauf- und auch wieder runterzuspringen. Die Autorin empfiehlt 5 x 10 Jumps mit jeweils 1 Minute Pause.

SEBASTIANS QUICK & DIRTY

1 8-10 X 3 MINUTEN SCHNELL, MIT 1-2 MINUTEN PAUSE

Eigentlich ein klassisches 8–10 x 1.000-Meter-Profiprogramm. Da es aber sicher einige unter euch gibt, die das nicht so schnell laufen können, haltet euch am besten an die Minutenvorgabe. So vermeidet ihr, dass ihr insgesamt zu lang unterwegs seid, sonst würde die Belastung für euer Herz-Kreislauf-System zu groß und ihr müsstet zu lange schuften. Wenn ihr also Trainingsprogramme von anderen ausprobieren wollt, hinterfragt immer, wie ihr diese für euer Training anpassen könnt.

2 KENIANISCHER DAUERLAUF (DER HEISST HALT SO)

Ihr lauft 20–40 Minuten in eine Richtung, dreht auf den Hacken um und lauft bis vor die Haustüre im Wechsel 1 Minute schnell, 1 Minute langsam zurück. Es liegt ganz an euch, wie intensiv ihr die schnellen und langsamen Passagen gestaltet. Ein perfektes Programm, um in der Tempogestaltung auch mal daneben zu liegen! Wenn ihr zu viel Gas gebt, sagen euch eure Beine schon, dass die folgenden Minuten etwas vorsichtiger gelaufen werden wollen.

3 TEMPODAUERLAUF

Das ist der Übergang vom Grundlagenausdauertraining zu »Quick and Dirty«. Ihr bewegt euch an der Grenze – Achtung, Fachbegriff – eurer individuellen anaeroben Schwelle. Im Grunde seid ihr genau so schnell, dass eure Muskeln gerade noch genügend Sauerstoff bekommen, bevor sie anfangen zu brennen. Das genaue Tempo zu treffen ist gar nicht so einfach, aber ihr könnt ja etwas verhaltener beginnen und dann schneller werden. Mit ein wenig Erfahrung habt ihr bald den Bogen raus.

4 5 KILOMETER SCHNELL, 10 MINUTEN LAUFPAUSE, 10 X 300 METER BERGAUF, DIE PAUSE IST DER WEG ZURÜCK ZUM START

Am besten lauft ihr das Programm im profilierten Gelände. Schließlich braucht ihr ja einen Anstieg dafür. Wer sich lieber an schnellen Minuten orientiert und nicht an »Profivorgaben«: 15 Minuten schnell, 10 Minuten Laufpause, 10 + etwa 50 Sekunden bergauf.

5 2.000 METER / 1.000 METER / 500 METER / 500 METER, JEWEILS 5 MINUTEN PAUSE DAZWISCHEN. IN MINUTEN – GERUNDET –: 5 MINUTEN / 2½ MINUTEN / 75 SEKUNDEN / 75 SEKUNDEN

Für dieses Vollgas-Workout könnt ihr auch mal auf die Tartanbahn gehen. Die Streckenlängen so anzupassen, dass es mit den Zeitangaben in etwa hinkommt, ist natürlich auch erlaubt. Auf der Bahn ist es nämlich immer ganz cool, über die Ziellinie zu laufen.

Sebastian: »Ich drehe auch ohne Startnummer gern noch ein paar Runden auf der Bahn.«

DAS FAHRTSPIEL

Die Autorin des Buchs mag keine »klassischen Intervalle« und geht es deswegen spielerisch an. Ihre Alternative zu den allseits bekannten 10 x 400 Metern oder den unzähligen Malen 200 Meter in Dauerschleife ist deswegen das »Fahrstpiel«. Klingt süß, schmeckt aber trotzdem häufig bitter nach Laktat, gerade zum Ende hin. Anders als beim klassischen Intervalltraining ist beim Fahrtspiel allerdings keine bestimmte Distanz vorgegeben. Spielerisch variiert man während des Dauerlaufs das Tempo. Hierbei entscheidet der (Freigeist-)Läufer je nach Streckenprofil, Lust und Laune, wann die Geschwindigkeit gesteigert und verringert wird. Der Fantasie sind keine Grenzen gesetzt – das eigene Leistungsvermögen entscheidet.

Im Grundlagenabschnitt haben wir die verschiedenen Formen des Tempotrainings vorgestellt und erklärt, wie man wortwörtlich Schwung in den Laufalltag bringt. Nun möchten wir euch mit dem spielerischsten aller Tempotrainings motivieren.

Der Name »Fahrtspiel« (fart = Geschwindigkeit, lek = Spiel) stammt von seinem Erfinder, dem schwedischen Nationaltrainer Gösta Holmé. Es lehrt den Körper, auf unterschiedliche Belastungsintensitäten zu reagieren und sich diesen anzupassen. So ist es eine der wirkungsvollsten Trainingseinheiten für (Mittel- sowie Langstrecken-)Läufer und kann durch die unterschiedlichen Lauftempi sogar die Lauftechnik verbessern. Es gibt keine starren Regeln, dennoch sollten ein paar Dinge beachtet werden:

»Wie geht das doch gleich?«

FÜR WEN IST DAS FAHRTSPIEL GEEIGNET?

Um aus dem Dauerlauf heraus die Geschwindigkeit variieren zu können, solltet ihr etwa schon eine Stunde am Stück im langsamen Tempo laufen können. Doch auch Laufanfänger können/dürfen/sollen spielen! Hier empfehlen wir das Setzen topografischer Ziele, wie zum Beispiel von Baum zu Baum oder von Laterne zu Laterne im Laufschritt zu laufen, anstatt zu gehen. Grundsätzlich gilt aber: Zuerst an der Ausdauer, dann an der Geschwindigkeit arbeiten.

DAS WARM-UP

Um euren Körper optimal auf das Spiel vorzubereiten, eignen sich 10–15 Minuten lockeres Einlaufen in konstanter Geschwindigkeit.

»Ah, so wird's gemacht!«

DIE DURCHFÜHRUNG

Während des Fahrtspiels solltet ihr darauf achten, dass Belastung und Erholung im richtigen Verhältnis stehen. Auf eine harte Tempobelastung folgt immer eine lockere Trab- oder gar Gehpause. Je schneller und länger also ein Teilabschnitt war, desto ausgiebiger fällt die (Trab-)Pause aus. Nur so kann das Training zum Erfolg führen. Die ersten Tempobelastungen beim Fahrtspiel sollten ausschließlich leichte Steigerungen sein, Läufe über etwa 50 bis 100 Meter Länge, bei denen ihr das Tempo kontinuierlich bis zum Sprint steigert. Nach einer ausgiebigen Trabpause empfehlen wir einen längeren Abschnitt im zügigen Tempo. Darauf folgen dann die intensiven Belastungen. Ein Lauf in vollem Tempo sollte nicht länger als etwa 200 Meter sein und unbedingt von einer Trabpause bis zur völligen Erholung abgelöst werden. Nach einigen kurzen und schnellen Abschnitten mit Erholungspausen solltet ihr dann wieder ein oder zwei zügige, aber längere Teilstrecken zurücklegen. Zum Abschluss des Fahrtspiels werden häufig nochmal einige Steigerungen absolviert. Eine Tempowechseleinheit sollte je nach Leistungsstand 40–80 Minuten betragen.

COOL-DOWN

Auch nach dem anstrengenden Fahrtspiel solltet ihr euch etwa 10 Minuten zum bewusst langsamen Laufen nehmen. So signalisiert ihr eurem Körper, dass die harte Trainingseinheit vorbei ist.

WIE HÄUFIG SOLLTE DAS FAHRTSPIEL IN DEN TRAININGSALLTAG EINGEBAUT WERDEN?

Da die Belastung während des Fahrtspiels nicht konkret messbar ist, gibt es auch hierfür nur Faustregeln. Grundsätzlich gilt: Wer drei- bis viermal pro Woche läuft, darf davon gern einmal »mit dem Tempo spielen«. Wer häufiger, also fünf- bis siebenmal pro Woche läuft, kann das Fahrtspiel beruhigt auch zweimal ins Training integrieren. Hier ist ergänzend hinzuzufügen, dass sich Fahrtspiel und Tempoläufe auf der Bahn nicht ausschließen. Eine wöchentliche Kombination ist sogar empfehlenswert. Es sollte jedoch genügend Regeneration zwischen beiden Tempoeinheiten stattfinden.

WARUM DAS GANZE?

Warum solltet ihr euch durch unterschiedliche Tempi quälen, Steigerungen einbauen und nach intensiver Belastung auch noch auslaufen?

POSITIVE EFFEKTE DES FAHRTSPIELS:

1. Die Trainingsgestaltung nach eigenem Gefühl beugt einer Überlastung oder einem Übertraining vor.
2. Das Laufen auf heimischen Park- und Waldstrecken, abseits von der einseitigen Rundbahnbelastung, beugt Verletzungen vor und schult die koordinativen Fähigkeiten.
3. Das Fahrtspiel bietet durch seine spontanen Belastungswechsel das perfekte Training für unvorhersehbare Wettkampfsituationen (Zwischenspurt, Tempoforcierung etc.)
4. Das Spiel mit dem Tempo bietet die Möglichkeit, aktiv und spontan an der Trainingsgestaltung teilzunehmen.
5. Tempowechselläufe trainieren die Kraftausdauer.
6. Beim Fahrtspiel lernt der Läufer seinen Körper besser einzuschätzen als bei starr vorgeschriebenen Trainingseinheiten.
7. Die wiederkehrenden Tempowechsel innerhalb eines Laufes regen den Stoffwechsel stark an: Sie bewirken einen ausgeprägten Nachbrenneffekt.
8. Der Trainingsalltag bekommt Abwechslung.
9. Man wird schneller und belastbarer.
10. Kindheitserinnerungen werden wach: Das Spiel »Fang mich« ist die einfachste Form des Fahrtspiels.

So viele Vorteile – das ist doch super, oder?!
Aber wie motiviere ich mich nun nach einem langen Arbeitstag, wenn es draußen stürmt, regnet und vielleicht auch noch dunkel ist? Also, weil die Autorin gerade so schön am Aufzählen ist, kommen an dieser Stelle gleich noch ihre Top-5-Motivations-Tipps. Die bringt sie hier an, weil sie findet, dass man für nichts mehr Motivation als für Tempoeinheiten braucht ☺ !

Sandra: »Hier bin ich mal schnell und flach unterwegs, mein St(r)eckenpferd ist ja eigentlich lang und bergig.«

ING
LUXEMBOURG
2017
F3772
SANDRA

SANDRAS TOP-5-MOTIVATIONS-TIPPS

1
DIE COUCH IST DEIN FEIND!

»Nur ganz kurz ausruhen« – das scheint nach einem langen Arbeitstag plausibel. Fakt ist aber: Aus dem »ganz kurz« wird meist »ganz lang«, denn wer einmal liegt, kommt selten wieder hoch. Und nicht einzuhalten, was man sich vorgenommen hat, ist leider ein ganz großer Motivationskiller. Deswegen solltet ihr am besten direkt nach der Arbeit in die Laufklamotten schlüpfen – und los geht's! Ihr werdet sehen: Die Couch ist nach einem Kopf-klar-Ründchen sogar noch bequemer, und ihr habt es euch danach richtig verdient, auszuruhen.

2
GRUPPENZWANG AUFBAUEN

Ihr habt eure Laufsachen zur Arbeit mitgenommen. Prima, der erste Schritt ist getan! Da man täglich ja sowieso mindestens eine gute Tat vollbringen soll: Motiviert doch einfach die Lieblingskollegen, mitzukommen. Oder trefft euch mit Freunden statt auf einen Drink direkt nach der Arbeit zum Laufen im Park. Oder schließt euch einer Laufgruppe an. In der Gruppe läuft es sich leichter – und man findet schwerer Ausreden. Erzählt Leuten im Umfeld von euren Laufvorhaben, denn sie werden sicherlich nachfragen, wie es läuft ...

Wenn du den Schokoriegel in der Hand hältst und die Meute dich verfolgt ...

3
ZIELE STECKEN, EHRGEIZ WECKEN!

Meldet euch für eine offizielle Laufveranstaltung an. Die Volksläufe haben Distanzen ab 5 Kilometer aufwärts. Das Wissen, sich am Tag X mit vielen unbekannten Gleichgesinnten zu messen, verleiht der eigenen Motivation Flügel. Denn auch wenn der Weg das Ziel ist, möchte ja doch niemand vom berüchtigten Besenwagen weggekehrt werden. Aber selbst, wenn es mal so sein sollte: Hey, ihr habt auf jeden Fall alle Couch-Kartoffeln überholt – jeder Läufer ist ein Gewinner!!!

4

DAS ALTBEWÄHRTE BELOHNUNGSSYSTEM

Ihr habt Sport gemacht, trainiert, Körper und Geist etwas Gutes getan, Kalorien verbrannt und Muskeln aufgebaut – also belohnt euch, ihr habt es verdient. Wie wäre es mit einem unbeschwerenden, ähm, unbeschwerten Pasta-Abend, bei dem ihr stolz Freunden und Bekannten von euren Trainingsfortschritten berichten könnt?! Die Anerkennung ist euch gewiss.

5

WENN'S ZUR GEWOHNHEIT WIRD, HABT IHR GEWONNEN!

Führt man etwas regelmäßig über den Zeitraum von etwa drei Wochen aus, so wird es vom Körper als Gewohnheit anerkannt. Nach ein paar Kämpfen mit der Couch und ein wenig Selbstüberwindung ist das Laufen als fester Bestandteil unseres Lebens nicht mehr wegzudenken! Hat man dieses Stadium einmal erreicht, gibt es im wahrsten Sinne des Wortes kein Zurück mehr. Um es mit den Worten von Emil »Lokomotive« Zatopek (Langstreckenläufer, Olympiasieger und mehrfacher Weltrekordler) zu sagen: »Hier ist der Start, dort ist das Ziel. Dazwischen musst du laufen.« Übrigens: Es wird immer Phasen geben, in denen euch euer innerer Schweinehund auf der Nase herumtanzt. Damit seid ihr nicht allein, diese Phasen haben sogar Profisportler! Lasst euch einfach nicht entmutigen.

SCHLUSSWORT:

Sieger, und damit meine ich nicht die Bestplatzierten eines Wettkampfs, werden im Kopf gemacht. Das Allerwichtigste ist, dass eure Einstellung stimmt. Habt Spaß an dem, was ihr tut und seid positiv gestimmt, dann läuft der Rest schon fast von ganz allein!

BASTI VS. SANDRA: TRAININGSLEHRE

»Was soll ich sagen? Von meinen 28 Laufjahren habe ich etwa 25 nach Plan trainiert und habe unzählige Trainingstagebücher mit meinen Daten gefüllt. Was bin ich wann wie schnell gelaufen? Was hat mich beschleunigt, was gebremst? Alles wurde reflektiert und analysiert. Trainingspläne haben den Vorteil, dass man am Tag X genau in der Form ist, die man sich wünscht. Ein Plan gibt einem die Sicherheit, dass man jedes Mal, wenn man sich die Schuhe schnürt, genau das Training absolviert, das einen besser macht. Er strukturiert den Weg zum Ziel. Niemand würde auf die Idee kommen, ein Haus ohne einen Plan zu bauen. Gerade am Anfang der Laufkarriere kann euch ein Trainingsplan vor Verletzungen schützen. Nicht einfach raus und drauf, sondern mit dem nötigen Augenmerk den Körper so belasten, wie es für den jeweiligen Moment richtig ist.
Mittlerweile habe ich keinen Trainingsplan mehr, zumindest keinen auf Papier festgehaltenen.
Mein Kopf strukturiert mein Training aber immer noch: Was habe ich gestern gemacht, was mache ich morgen? Mein Training ist flexibler geworden, aber ich kann nicht ganz aus meiner Haut.«

»Vorweg: Ja, Trainingspläne – vor allem individuell angefertigte – haben eine absolute Daseinsberechtigung, sie helfen Leuten tendenziell mehr, als dass sie schaden – zumindest beim Erreichen von Zielen und wenn man der Typ dafür ist. Ich bin es aber nicht. Mich stresst ein fester Plan mehr, als dass er mir Sicherheit gibt. Ich möchte im Training, während der ›Me-Time‹, machen, wonach mein Körper gerade verlangt. Das kann alles sein, vom totalen Auspowern bis hin zum gaaaaaaaaaaaaaaaaaaaaanz langsamen ›Dahinhatschen‹. Ja klar, ich habe leicht reden. Ich habe mich viel mit Trainingslehre beschäftigt und weiß im Prinzip, was ich wie machen muss, um auf bestimmte Vorhaben vorbereitet zu sein. Ich möchte das aber nicht in einem Plan festgeschrieben sehen. Dazu bin ich zu sehr ›Freigeist‹, auch trainingstechnisch. Ich habe eine grobe Grundstruktur, aber keinen konkreten (Wochen-)Plan. Ich halte die Regeln von regelmäßigem Stabitraining, viel Alternativsport und langen Grundlagenausdauereinheiten ein, aber entscheide komplett nach Körpergefühl, wann ich welchen Baustein wohin setze. Und damit fahre ich seit etlichen Jahren sehr gut. Ob Trainingsplan oder nicht, das ist komplett typ- und zielabhängig. Wenn ich auf einen Sub-3:30-Stunden-Marathon trainieren würde, bräuchte ich auch einen Plan, mit Zeitangaben und so. Aber da ich das in diesem Leben nicht mehr vorhabe, bleibe ich bei meiner läuferischen Freigeisteinstellung und erfreue mich am Training nach Körpergefühl, orientiert an den Grundlagen der Trainingslehre.«

TRAININGSPLÄNE
WAS HEISST WAS

Bevor wir euch ein paar Pläne an die Hand geben, zuerst oder nochmal einige Erläuterungen, damit ihr auch wisst, was wir von euch wollen.

DAUERLAUF
Bedeutet, dauernd zu laufen. ABER: Wenn ihr eine Gehpause braucht, dann nehmt sie euch. Pausen für Fotos in den Sozialen Medien sind nicht so sinnvoll, aber wenn es sein muss, dann nehmen wir das auch hin.

LOCKER
Ein lockeres Tempo, bei dem ihr euch noch gut unterhalten könnt.

ZÜGIG
Eure Unterhaltungen werden einsilbiger und werden stetig durch tiefes Luftholen unterbrochen. Der ein oder andere vernünftige Satz ist aber noch drin.

SCHNELL
Einzelne Worte sind noch möglich. Eure Gedanken kreisen aber nicht mehr um eine nette Unterhaltung, sondern um Sauerstoffzufuhr. Und um die Frage, warum eure Beine nicht mehr das machen, was ihr von ihnen verlangt.

STABI
Stabilisationstraining! Wählt Übungen aus dem Buch oder aus eurem eigenen Erfahrungsschatz und stählt euren Körper. Die Zeitangaben in den Plänen beziehen sich auf die reine Übungszeit. Pausen zählen nicht dazu ;).

EXTRA LANGSAM
Fühlt euch frei, euch unterfordert zu fühlen. Natürlich gibt ein »zu langsames« Tempo, aber gebt von eurem lockeren Tempo gerne noch einmal 15 bis 20 Sekunden pro Kilometer oben drauf.

WARM-UP
Lockeres Einlaufen, bevor es richtig los geht.

COOL-DOWN
Langsames Auslaufen, um die brennende Muskulatur zu löschen.

LAUFPAUSE
Pause ja, laufen auch ja. Ihr lauft nach den schnellen Passagen einfach weiter. Das kann auch ein ganz lockeres Dahintrotten sein, eine Flugphase sollte aber erkennbar sein.

GEHPAUSE
Jetzt dürft ihr gehen. Bei den absoluten Beginnern ist die Gehpause strammes Marschieren, bei Intervallen kann die Gehpause aber auch mal richtig langsam sein.

STEIGERUNGEN
Ihr beginnt langsam zu laufen und steigert euer Tempo innerhalb der nächsten 80 bis 100 Meter fast bis zum Sprint. Bei Steigerungsläufen könnt ihr euch besonders gut in die Geschwindigkeit hineinfühlen.

Vielleicht habt ihr ja schon einmal einen Laufversuch gestartet, konntet euch aber nicht für die Lauferei begeistern. Dieser Plan führt euch langsam an das Laufen heran und gibt eurem Körper ausreichend Zeit, sich an die neuen Belastungen zu gewöhnen. In euren Startwochen geht es noch nicht um den schnellen Erfolg oder hartes Training, sondern darum, dass ihr langfristig gesund eure Runden drehen könnt. Ihr habt euer Leben darauf gewartet endlich loszulaufen, jetzt gebt eurem Körper noch ein paar Wochen, damit sich eure Bänder, Sehnen und Muskeln auf die kommende Zukunft vorbereiten können.

	Montag	Dienstag	Mittwoch
Woche 1	10 x 1 min laufen 1 min Gehpause 5 min Stabiübungen		20 x 30 s laufen 30 s Gehpause
Woche 2		10 x1,5 min laufen 1 min Gehpause	
Woche 3	20 x 1 min laufen 1 min Gehpause 5 min Stabiübungen		
Woche 4	3 x 1 km am Stück laufen 5 min Gehpause 10 min Stabiübungen		5 x 4 min laufen 2 min Gehpause
Woche 5		30 x 30 s laufen 30 s Gehpause 15 min Stabiübungen	
Woche 6	15 min Stabiübungen	6 x 5 min laufen 3 min Gehpause 5 min Stabiübungen	
Woche 7		15 x 2 min laufen 1 min Gehpause	
Woche 8	20 min Stabiübungen		2 x 15 min laufen 5 min Gehpause

Donnerstag	Freitag	Samstag	Sonntag
10 min Stabiübungen		12 x 1 min laufen 1 min Gehpause 5 min Stabiübungen	
15 x 1 min laufen 45 s Gehpause 10 min Stabiübungen		8 x 2min laufen 1 min Gehpause	20 min Stabiübungen
10 x 2 min laufen 1 min Gehpause 10 min Stabiübungen	4 x 3 min laufen 2 min Gehpause		
15 min Stabiübungen		12 x 2 min laufen 1 min Gehpause 10 min Stabiübungen	
	5 x 5 min laufen 2 min Gehpause	4 x 1 km am Stück laufen 4 min Gehpause 5 min Stabiübungen	
2 x 10 min laufen 5 min Gehpause		4 x 1 km am Stück laufen 3 min Gehpause 15 min Stabiübungen	
2 x 12 min laufen 5 min Gehpause 15 min Stabiübungen			4 x 1 km am Stück laufen 5 min Gehpause 5 min Stabiübungen
8 x 5 min 2 min Gehpause 15 min Stabiübungen			30–40 min Dauerlauf

Wenn ihr euch noch kein festes oder neues Ziel gesetzt habt, ist dieser Plan genau richtig für euch. In diesen acht Wochen stellt ihr eure Form auf ein richtig breites Fundament. Ihr werdet euch wundern, wie gut ihr in Form sein werdet, wenn ihr nach diesem Plan in eine spezifische Vorbereitung startet.

	Montag	Dienstag	Mittwoch
Woche 1	45 min Dauerlauf locker	20 min Stabi	Alternativsport, z. B. Rad fahren, Spinning, Rudergerät, Schwimmen
Woche 2	Ruhe	Zirkeltraining 10 Stabiübungen 30 s Vollgas 30 s Pause insgesamt 30 min	60 min Dauerlauf locker
Woche 3	Ruhe	40 min Dauerlauf locker 10 min Stabi	60 min Dauerlauf locker
Woche 4	Ruhe	40 min Dauerlauf locker 20 min Stabi	60 min Dauerlauf locker
Woche 5	Ruhe	Fahrtspiel nach Lust und Laune	60 min Dauerlauf locker
Woche 6	45 min Dauerlauf locker 20 min Stabi	Ruhe	Zirkeltraining 10 Stabiübungen 30 s Vollgas 30 s Pause insgesamt 30 Minuten
Woche 7	45 min Dauerlauf locker 20 min Stabi	Ruhe	Zirkeltraining 10 Stabiübungen 30 s Vollgas 30 s Pause insgesamt 30 min
Woche 8	Ruhe	45 min Dauerlauf locker 20 min Stabi	Hills siehe »Quick & dirty«

Donnerstag	Freitag	Samstag	Sonntag
45 min Dauerlauf locker 20 min Stabi	Ruhe	Bergtour als Lauf, Wanderung oder Skitour	30 min Dauerlauf locker
Ruhe	Alternativsport, z. B. Rad fahren, Spinning, Rudergerät, Schwimmen	Stairmaster siehe »Quick & dirty«	Bergtour als Lauf, Wanderung oder Skitour
Ruhe	Vollgas querfeldein siehe »Quick & dirty« 20 min Stabi	Alternativsport, z. B. Rad fahren, Spinning, Rudergerät, Schwimmen	80 min Dauerlauf extra langsam
Ruhe	Alternativsport, z. B. Rad fahren, Spinning, Rudergerät, Schwimmen	Jumps siehe »Quick & dirty«	Bergtour als Lauf, Wanderung oder Skitour
	40 min Dauerlauf locker 20 min Stabi	Vollgas querfeldein siehe »Quick & dirty«	Alternativsport, z. B. Rad fahren, Spinning, Rudergerät, Schwimmen
Alternativsport, z. B. Rad fahren, Spinning, Rudergerät, Schwimmen	Ruhe	Stairmaster siehe »Quick & dirty«	Bergtour als Lauf, Wanderung oder Skitour
60 min Dauerlauf locker 20 min Stabi	Ruhe	30 min Dauerlauf locker 4 x 100-m-Steigerungen	Alternativsport, z. B. Rad fahren, Spinning, Rudergerät, Schwimmen
60 min Dauerlauf locker	Ruhe	Alternativsport, z. B. Rad fahren, Spinning, Rudergerät, Schwimmen	120 min Dauerlauf extra langsam

Mit Abwechslung zum ersten 10-Kilometer-Wettkampf. Ihr könnt schon 10 Kilometer oder ein gutes Stück weiter laufen? Mit Startnummer soll es aber meistens etwas schneller gehen, und dabei unterstützen wir euch! Neben dem Grundlagentraining gibt es deswegen eine gute Portion schneller Schritte, bis ihr an der Startlinie steht.

	Montag	Dienstag	Mittwoch
Woche 1	40 min Dauerlauf locker 20 min Stabi	Ruhe	Ruhe
Woche 2	70 min Dauerlauf locker	Ruhe	30 min Dauerlauf locker 8–10 100-m-Steigerungen
Woche 3	80 min Dauerlauf extra langsam	Ruhe	15 min Stabi
Woche 4	90 min Dauerlauf extra langsam	Ruhe	45 min Dauerlauf 20 min Stabi
Woche 5	45 min Dauerlauf	Ruhe	Ruhe
Woche 6	45 min Dauerlauf 10 x 100-m-Steigerungen	Ruhe	Ruhe
Woche 7	70 min Dauerlauf locker	Ruhe 15 min Stabi	Kenianischer Dauerlauf insgesamt 40 min siehe »Quick & dirty«
Woche 8	60 min Dauerlauf locker	Ruhe	40 min Dauerlauf 15 min Stabi

Donnerstag	Freitag	Samstag	Sonntag
60 min Dauerlauf locker	20 min Stabi	Fahrtspiel 10 min Warm-up 40 min nach Lust & Laune siehe »Quick & dirty« 5 min Cool-down	Ruhe
30 min Dauerlauf locker 15 min Stabi	Ruhe	40 min Crescendo gesteigerter Dauerlauf 15 min locker 15 min zügig 10 min schnell	Ruhe
45 min Dauerlauf	20 min Stabi	Hills 10 min Warm-up siehe »Quick & dirty« 5 min Cool-down	Ruhe
Ruhe	Ruhe	Tempo 10 min Warm-up 5 km plus siehe »Quick & dirty« 5 min Cool-down	Ruhe
60 min Dauerlauf 20 min Stabi	Ruhe	Tempodauerlauf 10 min Warm-up 4 km zügig 10 min Cool-down	10 min Stabi
60 min Dauerlauf 20 min Stabi	Ruhe	Tempodauerlauf 10 min Warm-up 6 km zügig 10 min Cool-down	Ruhe
Ruhe	40 min Dauerlauf locker 6 x 100-m-Steigerungen	Ruhe	20 min Stabi
Ruhe	15 min Dauerlauf locker 2 Steigerungen	Rennwochenende 10 km	

Ähnlich wie bei den 10 Kilometern fordert euch dieser Plan mit vielen verschiedenen Lauf- und Stabieinheiten. Um für mehr als die doppelte Distanz gerüstet zu sein, müsst ihr aber etwas mehr Zeit und Kilometer investieren, um entspannt über die Ziellinie zu kommen.

	Montag	Dienstag	Mittwoch
Woche 1	45 min Dauerlauf locker 10 min Stabi	Ruhe	Tempodauerlauf 10 min Warm-up 7 km zügig 10 min Cool-down
Woche 2	20 min Stabi	60 min Dauerlauf	Ruhe
Woche 3	10 min Stabi	45 min Dauerlauf zügig	Ruhe
Woche 4	Ruhe	40 min Dauerlauf locker 10 min Stabi	Ruhe
Woche 5	Ruhe	40 min Dauerlauf locker 20 min Stabi	Ruhe
Woche 6	40 min Dauerlauf locker 10 min Stabi	Ruhe	Fahrtspiel 10 min Warm-up 50 min Tempowechsel siehe »Quick & dirty« 10 min Cool-down
Woche 7	30 min Dauerlauf locker	Ruhe	40 min Dauerlauf zügig 10 min Stabi
Woche 8	Ruhe	45 min Dauerlauf locker	Ruhe

Donnerstag	Freitag	Samstag	Sonntag
Ruhe	60 min Dauerlauf 20 min Stabi		80 min Dauerlauf
50 min Dauerlauf 10 min Stabi	Ruhe	Tempo 10 min Warm-up 10 x 3 min zügig-schnell 10 min Cool-down	70 min Dauerlauf
60 min Dauerlauf locker 15 min Stabi	Ruhe	100 min Dauerlauf extra langsam	Ruhe
60 min Dauerlauf locker	Ruhe	Tempodauerlauf 10 min Warm-up 8 km zügig-schnell 5 min Cool-down	
75 min Dauerlauf locker	35 min Dauerlauf zügig 20 min Stabi	Ruhe	105 min Dauerlauf extra langsam
Ruhe	60 min Dauerlauf locker	20 min Stabi	120 min Dauerlauf extra langsam
60 min Dauerlauf locker	Ruhe	80 min Dauerlauf locker	30 min Stabi
30 min Dauerlauf locker 10 min Stabi	Ruhe	Halbmarathon- Wochenende	

Der einzige Plan im Buch über 12 Wochen. Warum? So bekommen wir die langen Läufe einfach viel stressfreier über die Bühne. Zwei Läufe sind auch mit Kilometervorgabe und nicht mit Zeitvorgabe, sodass ihr mit der Sicherheit an den Start gehen könnt, zwei richtig lange Kanten auf der Haben-Seite zu haben. Schnell wird für den ersten Marathon nicht viel gelaufen, aber da Abwechslung das Training würzt und die Laufform verbessert, kommen selbstverständlich auch schnellere Einheiten im Trainingsplan vor.

	Montag	Dienstag	Mittwoch
Woche 1	60 min Dauerlauf locker	Ruhe	45 min Dauerlauf zügig 20 min Stabi
Woche 2	Ruhe	45 min Dauerlauf locker, 15 min Stabi	80 min Dauerlauf locker
Woche 3	Ruhe	60 min Dauerlauf locker	Fahrtspiel 10 min Warm-up 50 min Tempowechsel 10 min Cool-down
Woche 4	Ruhe	40 min Dauerlauf locker, 20 min Stabi	70 min Dauerlauf locker
Woche 5	40 min Dauerlauf locker	Fahrtspiel 10 min Warm-up 60 min Tempowechsel 10 min Cool-down	Ruhe
Woche 6	Ruhe	20 min Stabi	80 min Dauerlauf locker
Woche 7	Ruhe	60 min Dauerlauf locker	Ruhe
Woche 8	Ruhe	40 min Dauerlauf locker, 15 min Stabi	Ruhe
Woche 9	Ruhe	Ruhe	80 min Dauerlauf locker 10 min Stabi
Woche 10	Ruhe	20 min Stabi	Fahrtspiel 10 min Warm-up 60 min Tempowechsel 10 min Cool-down
Woche 11	Ruhe	60 min Dauerlauf locker, 15 min Stabi	30 min Dauerlauf zügig
Woche 12	Ruhe	Ruhe	45 min Dauerlauf locker

Donnerstag	Freitag	Samstag	Sonntag
Ruhe	40 min Dauerlauf locker 15 min Stabi	Ruhe	120 min Dauerlauf locker
Ruhe	30 min Dauerlauf locker 15 min Stabi	Ruhe	125 min Dauerlauf locker
Ruhe	30 min Dauerlauf locker 20 min Stabi	Ruhe	135 min Dauerlauf extra langsam
Ruhe	30 min Dauerlauf locker 20 min Stabi	130 min Dauerlauf locker	Ruhe
50 min Dauerlauf locker 20 min Stabi	Ruhe	Ruhe	150 min Dauerlauf extra langsam
45 min Dauerlauf locker 15 min Stabi	Ruhe	40 min Dauerlauf locker	60 min Dauerlauf zügig
40 min Dauerlauf locker 20 min Stabi	Kenianischer Dauerlauf 30 min out - 1/1 back siehe »Quick & dirty«	Ruhe	170 min Dauerlauf extra langsam
75 min Dauerlauf locker	Ruhe	30 min Dauerlauf zügig	32 km Dauerlauf extra langsam
Ruhe	45 min Dauerlauf zügig 20 min Stabi	Ruhe	35 km Dauerlauf extra langsam
Ruhe	75 min Dauerlauf locker	Ruhe	150 min Dauerlauf extra langsam
Ruhe	45 min Dauerlauf locker 10 min Stabi	20 min Dauerlauf locker	90 min Dauerlauf locker
30 min Dauerlauf locker 5 min Stabi	Ruhe		MARATHON

KAPITEL 3

WIE DAS LAUFEN IN DEN ALLTAG INTEGRIERT WERDEN KANN

WAS BEACHTUNG FINDEN MUSS

Unsere Welt ist in Aufregung! Ständig, scheinbar immer und überall. Einmal abschalten, bitte! Dieser Wunsch ist vom Urlaubsvorhaben zu einem Grundbedürfnis geworden. Auch wenn die Arbeitstage lang und die Mittagspausen kurz sind: Die Laufschuhe zu schnüren ist oft die beste Therapie, um Stress abzubauen. Auf den nachfolgenden Seiten geben wir euch Tipps, damit der Spagat zwischen Arbeit, Freizeit und Familie vielleicht noch besser gelingt.

Stolze 1.680.000.000 Beiträge werden gelistet, wenn man bei *Google* nach »Work-Life-Balance« sucht. Tendenz steigend. Doch was genau ist darunter zu verstehen? Gemeinhin definiert der Begriff einen Zustand, in dem Arbeits- und Privatleben miteinander im Einklang stehen. Doch das lässt viel Raum für Interpretation. Denn wo hört Arbeit auf, wo fängt das Privatleben an? Das lässt sich heute in vielen Fällen nicht mehr so einfach sagen. Fest steht aber: Glück ist eine individuelle Angelegenheit, und individuell festgelegte Grenzen bestimmen das individuelle Glück. Hierfür gibt es kein Geheimrezept, und eine allgemeine Formel gibt es selbstverständlich auch nicht. Aber es gibt ein paar Kniffe, die man anwenden kann, die das Leben erwiesenermaßen ein bisschen einfacher und uns vielleicht ein bisschen glücklicher machen.

Hundsgassi und »das Kind muss an die frische Luft« mit einem Läufchen kombiniert.

GESUNDHEIT

Die Basis. Denn ohne Gesundheit läuft nichts und niemand. Dieser erste Punkt ist eher ein Appell als ein Ratschlag, und auch, wenn ihr es alle bereits wisst, so ist es doch so schwer umzusetzen: esst bewusst, bewegt euch ausreichend und schlaft genug! Aber wie kriegt man das alles hin? Der Tag hat doch nur 24 Stunden. Auch auf die Gefahr hin, dass der eine oder andere jetzt mit den Augen rollt: Es gilt, Prioritäten zu setzen. Und so rückt die Gesundheit und alles, was dazugehört, unanfechtbar auf Platz eins!

DAS SOZIALE UMFELD

Hierzu zählen Freunde und Familie. Ein zentraler Punkt im Leben, denn dieses Umfeld soll uns Rückhalt und Zuspruch geben. Nur: Wie pflegt man Freundschaften bei 40-Stunden-plus-Arbeitswochen, und wie wird man daneben noch (s)einer Familie gerecht? In beiden Fällen verweisen wir auf Qualität anstelle von Quantität. Pflichtanrufe genügen vielleicht, wenn überhaupt, der eigenen Mutter, jedoch nicht

dem Ehepartner, den Kindern oder Freunden. Kommuniziert also offen, wenn stressige Zeiten anstehen und nennt einen realistischen Zeitraum, wie lange diese vermutlich andauern werden. Erklärt euch und schlagt Alternativen vor. Jaja, auch wir wissen: Das sollte alles eigentlich selbstverständlich sein, wir dachten uns aber, wir nehmen diesen »Moralapostelpunkt« der Vollständigkeit halber auf. Also: Nehmt euch die Zeit, die euch bleibt, ganz bewusst – ohne Handy und Terminstress. Das ist das wohl schönste Kompliment an Familie und Freunde.

DAS ARBEITSLEBEN

Das Arbeitsleben ist neben dem sozialen Umfeld unser Dreh- und Angelpunkt. Natürlich strebt ein jeder von uns nach Erfolg und Anerkennung, natürlich wünschen sich die meisten Karriereerfolge. Aber soll der Preis dafür 80 Wochenstunden betragen? Falls ihr diese Frage für euch heimlich, still und leise bejaht, so denkt bitte an die vorangegangenen beiden Punkte. Versucht, den Sport und die Gesundheit in das Arbeitsleben zu integrieren, die Mittagspause zum Beispiel, wenn möglich, draußen zu verbringen, und lüftet euer Büro regelmäßig durch. Wer den Luxus einer Dusche am Arbeitsplatz hat: Lauft zur Arbeit, in der Pause oder zu terminfreien Zeiten. Platziert euch Nüsse und Obst nebst der Schokolade in der Schreibtischschublade, trinkt vornehmlich Wasser anstelle von Cola und vorgemischten Schorlen. Setzt euch Erinnerungen für Spaziergänge durch das Gebäude oder atmet für fünf Minuten an der frischen Luft tief durch. Das fördert nicht nur das Wohlbefinden, sondern steigert auch die Kreativ- und Produktivität! Sucht und findet außerdem gleichgesinnte Kollegen, mit denen ihr nach der Arbeit zum Sporteln geht, und lasst euren Laptop so oft im Büro, wie es nur geht. Your home is your castle, dort sollt ihr entspannen, nicht arbeiten.

HOBBYS, FREIZEIT UND ENTSPANNUNG

Ebenso ein immens wichtiger Punkt, um Zufriedenheit erleben zu können. Denn geht man einem Hobby nach, so entspannt man. An dieser Stelle ist egal, ob es ein eher bewegungsintensives Hobby ist oder nicht. Der eine bastelt, der andere läuft, wieder andere gehen gern mit Freunden aus. Alles Genannte ist wichtig, alles ist richtig. Setzt euch feste Termine, um einem Hobby nachgehen zu können, nehmt euch einfach ab und an auch Zeit für euch selbst.

WORK-LIFE-BALANCE

Wir wissen, dass uns allen – egal, wie man die Dinge dreht und wendet – zu wenig Zeit für zu viel Leben zur Verfügung steht. In den aktuellen Zeiten, die auch stark von der Digitalisierung geprägt werden, ist die Angst, etwas zu verpassen, präsenter denn je. Jeder möchte alles, alles soll möglichst perfekt sein, und bitte auch oft und viel davon. Das hält keiner lange durch. Wer versucht, zu lange alles und jeden unter einen Hut zu bringen, der macht sich und sein Umfeld meist unglücklich. Wichtig ist, Prioritäten zu setzen und miteinander zu reden. So schaffen wir die Grundlage für eine ausgeglichene Work-Life-Balance und eine persönliche Zufriedenheit. Und daran denken: Muskuläre Entspannung funktioniert über Anspannung. Das heißt: Nach dem Laufen, wenn Körper und Seele im Einklang sind, erleben wir wahre Entspannung.

PRO-TIPP

Beim Laufen baut unser Körper das Stresshormon Cortisol ab. Dieses wird von der Nebenniere als Reaktion auf Bedrohungen gebildet. Da man bei Gefahr schnell und instinktiv handeln muss, blockiert das Cortisol unser Gehirn. Außerdem schwächt es das Immunsystem. Das wiederum möchte niemand!

TIPPS FÜR SPORT MIT KIND

SANDRAS EXKURS

»MeTime«: Warum mich, Sport zu einer besseren Mama macht und wie ich Zeit dafür finde.

LIEBE MAMIS UND PAPIS,

auch im 21. Jahrhundert scheint es noch tief in den Gedanken unserer Gesellschaft verankert zu sein, dass, wer kleine Kinder hat, keine Zeit für Sport und sich selbst haben darf. Spoiler: Das ist absoluter Quatsch! Ich würde sogar so weit gehen und die Behauptung aufstellen, dass Elternteile, die, obwohl sie (frischgebackene) Eltern sind, sich Zeit für das eigene Wohlbefinden nehmen, ausgeglichener sind! Aber das ist nur mein subjektiver Eindruck.

Zunächst sei gesagt, dass sicher jede Ausgangssituation eine andere ist. Manche sind alleinerziehend, bei anderen ist der Partner nur am Wochenende daheim. Nicht alle haben Großeltern in der Nähe oder können oder wollen sich eine »Teilzeitarbeit« als junge Mama leisten. Daher versuche ich, die Beispiele und Tipps so allgemeingültig wie nur möglich zu halten.

SPORT MIT NEUGEBORENEN

Als »Säuglingsmama« habe ich selbst gute Erfahrungen mit Sportübungen am Kinderwagen gemacht. So schlägt man die berüchtigten zwei Fliegen mit einer Klappe. Das Kind und man selbst ist an der frischen Luft aktiv. Unzählige Male habe ich den Kinderwagen (kein bestimmtes Sportmodell) den kleinen Hügel im Park hochgeschoben, wieder und immer wieder. Zuerst normal. Dann im Ausfallschritt. Dann mit »Squats« bei jedem zweiten Schritt, Side-Kicks, mal mit Standwaageübungen, mal mit Beckenbodenanspanntechniken. So wird der Stadtpark schnell zur Turnhalle für frischgebackene Mamas und Papas.

PROS

Die frische Luft und das Schaukeln des Wagens befördern euer kleines Wunder erfahrungsgemäß recht schnell in den Tiefschlaf – zumindest im ersten Jahr. Das macht es einfacher, euch auf den Sport zu konzentrieren. Ich habe meine damaligen Kinderwagensporteinheiten immer sehr

PRO-TIPP

In größeren Städten gibt es manchmal »Kinderwagen-Fit-Kurse«. Die Übungen am Kinderwagen werden angeleitet und man trifft Gleichgesinnte.

WICHTIG

Besucht einen Rückbildungskurs. Oft werden Kurse dieser Art belächelt und als »Zeitverschwendung« abgetan. Sie sind es aber definitiv nicht. Wer in einer Stadt wohnt und somit die Auswahl hat: Fragt bei den Anbietern nach Kursen für Frauen in eurem Alter. Mir hat der Rückbildungskurs damals wirklich gut getan. Manchmal bezeichne ich ihn sogar als »Kickstart« für meine »Läuferkarriere«.

PRO-TIPP

Babyjogger und Fahrradanhänger kann man häufig im guten Zustand und verhältnismäßig günstig auf Gebrauchtportalen kaufen. Übrigens: Meine Tochter fing damals mit drei Jahren an, Ballett zu tanzen. Die Stunde habe ich persönlich immer zum Laufen genutzt – das war super. Kind und Mama waren anschließend glücklich und k. o. – und sind anschließend ganz oft beim Kuscheln auf dem Sofa weggenickt.

WICHTIG

Gerade in der Anfangsphase der KiTa-/KiGa-Betreuung sind Kind und Eltern häufig verschnupft und krank. Das ist normal. Achtet besonders in dieser Phase darauf, euer Immunsystem durch die Aufnahme wichtiger Nährstoffe zu stärken.

genossen und – meist mit leiser Musik im Ohr – als wirklich entspannte »Me-Time« wahrgenommen. Wichtig ist, dass ihr langsam startet. Eure Strukturen, Bänder und Sehnen sind nach der Geburt immer noch weich und elastisch.

CONS

Es fällt (manchmal) schwer, sich allein dazu aufzuraffen, wilde »Turnübungen« am Kinderwagen zu machen, vor allem, wenn andere Passanten verwundert blicken. Ganz ganz wichtiger Tipp: Was andere Leute von euch denken, das kann und muss euch egal sein. Übt das am besten direkt mit der Kinderwagenfitness – denn die Trotzphase kommt bestimmt ...

SPORT MIT KLEINKIND/ KINDERGARTENKIND

Herzlichen Glückwunsch – ihr habt die Säuglingsphase überstanden und ein Kleinkind daheim. Euer Aktivitätslevel ist nun ohnehin recht hoch, allein, weil ihr ständig hinterherrennen, wegstellen und aufpassen müsst. Ihr werdet also ganz schön auf Trab gehalten. Das ist doch schon anstrengend genug? Richtig! Aber genau deswegen ist es jetzt umso wichtiger, sich bewusst Zeit für sich und das eigene Sportpensum zu nehmen. Vielleicht besucht euer Kind ja jetzt schon eine KiTa oder ist zeitweise bei einer Tagesmutter/Spielgruppe untergebracht. Wenn ja, nutzt die Wege nach dem Bringen/vor dem Abholen und geht ein Stückchen zu Fuß, walked, lauft oder radelt. (Ein Hoch an dieser Stelle für alle Arbeitgeber mit Duschen!). Auch ein Babyjogger/Fahrradanhänger kann in diesem Alter eine wirklich lohnenswerte Investition sein.

PROS

Das Kind in den Kindergarten zu bringen, auch wenn man eventuell nicht gleich wieder voll arbeitet, ist kein »Rabenmutter-Move«, im Gegenteil! Nutzt die geschaffene Zeit neben den alltäglichen Pflichten bewusst für euch! Am besten ihr meldet euch für einem festen Sportkurs an. Diese 45–60 Minuten scheinen zwar anfänglich im Alltag zu fehlen, ihr werdet aber schnell feststellen, dass euch der Sport viel mehr Energie gibt, als er euch nimmt – muskuläre Entspannung erfolgt nämlich vornehmlich nach vorangegangener Anspannung. Wer nicht die Möglichkeit hat, das Kind zur KiTa zu bringen, dem empfehle ich, sich trotzdem irgendwie ein Zeitfenster für Aktivitäten zu schaffen. Vielleicht eine Fitnessstudiomitgliedschaft, da ist man zeitlich recht flexibel. Oder ihr verabredet euch mit anderen Müttern auf einem Spielplatz, setzt die Kinder in den Sandkasten und macht ein kleines Workout. Jederzeit empfehlenswert: Alltags-Lifehacks wie zum Beispiel die Standwaage beim Zähneputzen, Dips an der Küchenanrichte, während der Wasserkocher kocht oder auch Plank-Challenges vor der abendlichen Entspannung auf der Couch. Weil: Geht nicht, gibt's nicht!

CONS

Die Kleinkindphase ist anstrengend – da beißt die Maus keinen Faden ab! Es ist schwer, sich aufzuraffen und neben all den anderen »To-dos« Zeit für andere Aktivitäten zu schaffen. Meine Erfahrung: feste Verabredungen helfen! Und tun gut!

SPORT MIT SCHULKIND

Ab jetzt ist alles einfacher, glaubt es mir. Die Kinder sind zu festen Zeiten in der Schule, haben einen Freundeskreis und ein gewisses Grundverständnis »Erwachsenendingen« gegenüber. Außerdem haben sie vermutlich inzwischen ihre eigene Aktivität gefunden, der sie regelmäßig nachgehen möchten. Perfekte Zeitfenster tun sich auf. Schaut nach Sportklubs mit Parallelangeboten für Groß und Klein. An dieser Stelle also keine Pros und Cons!

SPORT OHNE KIND

Ja, und nun kommt er – der diskutabelste Teil des Kapitels. Letztendlich muss es jede Mama selbst wissen, ob sie das möchte. Ich bin fest davon überzeugt, dass es wichtig und richtig ist, sein Kind auch mal abzugeben – nicht nur für wichtige Termine oder Arbeit, sondern auch für die »MeTime«. Für mich ist sie auch »QualityTime«, und dank dieser bin ich, zumindest laut Außenstehenden, eine sehr

SANDRAS ANEKDOTE

MUTTER-TOCHTER-ZEIT

Meine Tochter begleitet mich häufig mit dem Radl, wenn ich laufen gehe. Das ist toll! Sie singt mir etwas vor, erzählt mir Neuigkeiten aus ihrem Schulalltag und hat auch ganz nebenbei eine Wasserflasche in ihrem Körbchen. Das ist eine ganz wunderbare »Mutter-Tochter-Zeit«.

PRO-TIPP

Wir empfehlen, in dieser Zeit das Immunsystems durch besonders gesunde Ernährung und viel frische Luft zu unterstützen.

entspannte Mama. Ich liebe meine Kinder über alles auf der Welt, ich würde das Mama-Sein niemals missen wollen. Aber ich bin auch genauso gern ich! Ein abenteuerlustiger Adrenalinjunkie mit absolutem Faible für den Ausdauersport. Beides lässt sich vereinen, wie ich finde. Ob das die Gesellschaft genauso sieht? Eher nicht, noch nicht zumindest. Leider! Am Ende bin ich es aber, die sich morgens und abends im Spiegel anschauen muss, bin ich es, die ihren Kindern Werte wie Mut und Selbstvertrauen mitgibt. Und das tue ich – weil ich mit mir selbst zufrieden bin. Es sind nicht die penible Wohnung oder der gemähte Rasen, die eine Kinderseele glücklich machen – es sind zufriedene Elternteile, die ihnen vorleben, dass man sich auch selbst treu bleiben sollte.

PRO-TIPP

Frauen haben, besonders nach Geburt und bei einem hohen Aktivitätslevel, einen erhöhten Eisenbedarf. Das Spurenelement Eisen ist ein Energiespender und ist – neben Fleisch – in besonders konzentrierter Form im indischen Curryblatt enthalten. Unsere Empfehlung für aktive Frauen, Mütter und alle Sportler.

DIE LAUFGRUPPE: FLUCH UND SEGEN

Laufen ist eine Individualsportart! Natürlich sind wir alle soziale Wesen, treffen uns gern mit anderen – auch zum Laufen –, um zu reden, zu philosophieren und uns auszutauschen, aber letztendlich könnt ihr eure Schuhe mitten in der Nacht schnüren und eure Runde drehen, egal ob euer Team am Start ist oder nicht. Nachts auf dem Fußballplatz kann ein Fußballer sicherlich nicht so einfach seinem Hobby frönen.

Eine Gruppe Gleichgesinnter tut aber auch unserer Läuferseele gut. Und solltet ihr noch nicht Teil einer Laufgruppe im Verein oder sonst irgendwo sein, können wir nur empfehlen, dass ihr euch einen Topf sucht, auf den ihr als Läuferdeckel passt. Gemeinsamer Cool-down in der Kneipe um die Ecke oder dem Vereinsheim oder zusammen den heißen Tee aus der Thermoskanne nach einem gemeinsamen langen Lauf durch eine Winterlandschaft zu genießen, ist wunderbar. Gemeinsam erlebt und reflektiert man das Laufen ganz anders als immer nur allein.

Der Autor dieses Buchs ist schon als Jugendlicher über seine Eltern in den Verein gekommen und hat schon früh erleben dürfen, wie so eine Vereins-Laufgruppe funktioniert. Das funktioniert eigentlich ähnlich wie in einem Asterix-Comic: Das Dorf hat einen Häuptling, alles andere, was man so zum Leben braucht, und am Ende gibt es ein rauschendes Fest. Oder so ähnlich. Im Verein tummeln sich viele Läufer, die ihre Ziele an bestimmten Wettkampfzielen festmachen. Natürlich gibt es, wie bei Asterix, auch den ein oder anderen Methusalix im Dorf, der nicht mehr ganz vorn an der Startlinie steht und schon fast alles gesehen hat, der ist aber trotzdem noch meistens beim Bahntraining dabei und gibt ordentlich Gas.

Bei allem sportlichen Ehrgeiz kommt beim Vereinsleben der soziale Aspekt natürlich nicht zu kurz. Man trifft sich nach dem Training – mal mehr, mal weniger lang – auf ein Kaltgetränk, reist gemeinsam zu Laufevents oder trifft sich auch abseits des Sports mal mit den Laufkollegen. Laufgruppen außerhalb der Vereine funktionieren übrigens nicht viel anders. Wir waren mal Teil eines Trainerteams einer Münchener Laufgruppe, und auch dort ging es ähnlich zu wie in den Vereinen: Gleichgesinnte trafen sich jede Woche, um eine gute Zeit miteinander zu verbringen, und dann traf man sich auf der nächsten Laufparty.

SEBASTIANS ANEKDOTE

Als ich mit dem Laufen begann und gerade mal wusste, wie die Schnürsenkel der Schuhe zu binden sind, hatte mein Papa, selbst erfahrener Läufer und Trainer, natürlich einiges an Ratschlägen parat. Er wollte seinen Sohnemann so gut wie möglich unterstützen. Problematisch war dabei, dass ich beim Laufen eine andere Temperaturregelung hatte als mein Papa, und mein Magen mochte auch nicht das, was andere Mägen vielleicht vertragen. Ich musste mich also recht schnell emanzipieren. Mir reichten nunmal Handschuhe, Mütze, eine leichte, lange Laufhose, ein Shirt und eine dünne Jacke, auch wenn es um die minus 10 °Celsius kalt war. Papa schlug da deutlich mehr Klamotten vor. Die Banane eine Stunde vor dem Wettkampfstart ist auch schon längst Vergangenheit.

Das Training kann ein gemeinsamer Dauerlauf, aber auch ein gemeinsames schnelles Workout sein. Ihr müsst vor dem Training mit der Gruppe oder eurem Trainingspartner absprechen, was es für ein Lauf werden soll. Im Verein ist das meist klar definiert. Dienstags steht Bahntraining mit gemeinsamen Warm-up auf dem Programm, dann Tempoläufe nach Leistungsstärke, um danach gemeinsam die glühenden Beine locker runterzukühlen. Da kann es natürlich auch sein, dass man allein schnell laufen muss, weil die Leistungsniveaus unterschiedlich sind. Das ist aber auch nicht weiter schlimm, denn beim gemeinsamen Ein- und Auslaufen bleibt genügend Zeit, um zu ratschen und Socializing zu betreiben. Sonntags trifft man sich ja sowieso schon wieder, um gemeinsam in der Gruppe einen langen Dauerlauf zu laufen.

Die von Sportgeschäften, Fitnessstudios oder Sportartikelherstellern organisierten Laufgruppen bieten zwar etwas andere Programme an, die Grundessenz ist aber gleich. An festen Terminen wird gemeinsam geschwitzt, gelacht und gequatscht. Einen Unterschied gibt's aber: Der Trainer ruft am Abend nicht an, wenn man das Training verpasst hat. Solche Gruppen sind oft etwas loser organisiert, wobei der Zusammenhalt nicht geringer ist.

In jeder Gruppe ist es wichtig, immer sein eigenes Leistungsvermögen gut einzuschätzen und auch mal nicht mit den Wölfen zu heulen. Die etwas schnelleren oder kompetitiveren Läufer ziehen zu lassen, ist keine Zeichen von Schwäche, sondern die Fähigkeit, sich auf das zu konzentrieren, was für einen selbst in dem Moment das Beste ist.

Solltet ihr bis jetzt immer allein den Asphalt zum Glühen gebracht haben, habt ihr sicher einiges an Erfahrungen gesammelt, Bücher gelesen und das Internet nach Tipps und Tricks durchstöbert. Die Erfahrungen, die andere schon gemacht haben, solltet ihr trotzdem nicht alle selbst machen müssen. Aber Achtung! Nicht jeder Ratschlag, den ihr bekommt, macht Sinn. Hinterfragt die Meinungen, die in eurer Laufcommunity kreisen. Wir haben schon allerlei Unsinn gehört: Marathonneulingen wurde geraten, sich die Füße vor dem Startschuss komplett mit Tape zuzukleben. Uns wurde erklärt, dass man die Blase vor dem Laufen nicht ganz entleeren sollte und dass Tomatensoße auf Nudeln viel schlechter sei als Sahnesoße. Und das ist nur die

Spitze des Eisbergs der vermeintlichen Laufweisheiten, die da draußen kursieren. Seid kritisch, fragt nach und informiert euch.
Laufgruppen sind perfekt, um sich mitreißen zu lassen, aber auch, um andere mitzureißen. Allein der feste Termin im Kalender lässt euch euren Bürostuhl früher verlassen, um mit Gleichgesinnten die Beine fliegen zu lassen. Es ist egal, ob ihr euch bei schnellen Läufen unterstützt und pusht oder ob ihr euch bei langen Läufen einfach Gesellschaft leistet: Gemeinsam geht vieles einfacher.

Da man in einer Laufgruppe logischerweise nie allein ist, bietet sie die Möglichkeit, jemanden zu finden, mit dem man nicht nur laufen, sondern auch andere Wege beschreiten möchte. Auf dem Buchcover seht ihr deutlich, zu was so ein Lauftreff führen kann. Wir sind da nur ein Beispiel von vielen. Das soll jetzt nicht heißen, dass Laufgruppen eine Konkurrenz zu den gängigen Partnerbörsen darstellen, aber eine Gruppe von Gleichgesinnten bietet eine gute Möglichkeit, viele Leute kennenzulernen, die ähnlich ticken wie man selbst.

Die vier Muske(l)tiere beim Gipfelsturm: Hund Major, Ernesto, Sandra und Basti (v.l.n.r.) auf dem Herzogstand morgens um 6:30 Uhr.

BASTI VS. SANDRA:
LAUFEN ALS SOZIALER FAKTOR

»Wir Läufer sind soziale Wesen, und so verhalten wir uns auch. So individuell wir auch sein mögen, ohne Ansprache und Austausch geht es nicht. Ich erinnere mich gern an die Trainingslager zurück, in denen mehr als 20 Läuferinnen und Läufer zu gemeinsamen Einheiten aufgebrochen sind, danach einen Ausflug ins Café gemacht haben, um am Nachmittag (ja, damals gab es noch zweimal am Tag Training bei mir) wieder aufs Neue gemeinsam aufzubrechen. Und obwohl wir an der Startlinie dann Gegner waren, so bleibt am Ende doch die Freundschaft. Und irgendwann stehen ganz vorn an der Startlinie sowieso die Jüngeren.«

»Vorneweg: Dieses Mal bin ich mit Basti fast einer Meinung (was tatsächlich sehr selten ist). Das Laufen ist vermutlich die sozialste aller Individualsportarten. Klar, man muss sich im Wettkampf nicht auf die Teamleistung verlassen, sondern ist im Normalfall ganz allein für sein Schicksal verantwortlich. Dennoch steht und fällt im Laufsport ganz viel mit den ›Mitläufern‹ und dem ganzen Drumherum. Ich war selbst einige Jahre in einer Laufgruppe aktiv und habe dort nicht nur den Co-Autor dieses Buches und meinen jetzigen Ehemann kennengelernt, sondern auch viele meiner engsten Freundinnen und Freude. Wir haben viel voneinander gelernt, uns gegenseitig motiviert und sind gemeinsam zu Wettkämpfen gefahren – als Team. Gemeinsam haben wir Momente erschaffen, an die wir uns sicherlich noch lange Zeit erinnern werden. Wir haben viel gelacht und uns gegenseitig gepusht. Ich bin laufen gegangen, auch wenn ich keine Lust hatte, wenn es kalt und dunkel war, und ich eigentlich viel zu fertig von der Arbeit. Diese Laufgruppe hat mir gerade am Anfang sehr geholfen, gerade in Sachen Regelmäßigkeit, Verbindlichkeit und Selbstdisziplin. Heute laufe ich gern allein. Nicht immer, aber immer öfter. Das ist aber meinem Lebensumstand geschuldet, da kann die Laufgruppe nichts dafür, ganz und gar nicht, ganz im Gegenteil. Ich weiß nicht, ob ich ohne Laufgruppe überhaupt je so weit gekommen wäre, und das meine ich jetzt grundehrlich! Heute sind Läufe in der Gruppe für mich etwas ganz Besonderes, etwas, das weit über mein alltägliches ›Me-Time-Relax-Laufen‹ hinausgeht. Und das ist gut so. Ich feiere es, sehe es ausschließlich als ›Friends-Time‹ mit Ausdauer-Benefit.«

salomon

KAPITEL 4

STABILISATIONSTRAINING

STABILISATIONSÜBUNGEN

Beim Stabilisationstraining trainiert ihr die Muskeln, die beteiligt sind, wenn ihr lauft. Nur lauft ihr nicht dabei. Jede Übung trainiert immer mehrere Komponenten: Natürlich trainiert eine Bauchmuskelübung eure Bauchmuskeln, aber je nach Übungsablauf eben auch andere Baustellen wie die Koordination oder auch das Kerz-Kreislauf-System. Wir haben uns für das Wort Stabilisationstraining entschieden, weil es euch in jeder Hinsicht Stabilität in eurem Läuferleben sichert. Wenn ihr aber lieber weiterhin Athletiktraining machen wollt, könnt ihr das auch gern machen. Die Übungen sind sehr wahrscheinlich gleich oder sehr ähnlich.
Leider müssen wir euch an dieser Stelle des Kapitels enttäuschen. Wir haben nicht die EINE perfekte Übung. Es gibt Übungen, die für Läuferinnen und Läufer selbstverständlich geeigneter sind als andere, aber eine, die alles kann und alles garantiert – die gibt es nicht. Die vorgestellten Übungen sollen euch inspirieren, Stabilisationstraining in eure Läuferleben aufzunehmen. Daneben und darüber hinaus gibt es noch viele weitere Übungen, mit denen ihr euch Gutes tun könnt.

Ihr seid noch nicht davon überzeugt, dass Stabilisationstraining euch weiterbringt? Geht raus an die Marathonstrecke und feuert die Läufer bei Kilometer 35 an. Ihr werdet sehen, dass eine stabile Rumpfmuskulatur den ein oder anderen um 15 Zentimeter größer machen würde. Ihr trainiert damit mehr als die Strandfigur, ihr trainiert die Muskeln, die euch besonders im ermüdeten Zustand einen optimalen Laufstil sichern. Ihr steigert die Leistungsfähigkeit der Muskeln, ihr optimiert euer gesamtes System.

Ihr werdet draußen in der freien Läuferwildbahn übrigens keinen Profi finden, der kein Stabilisationstraining in seinen Trainingsalltag einbettet. Der Autor des Buches hat Läufer auf der ganzen Welt dabei beobachten dürfen, wie sie in Krafträumen, im Stadion und sogar der in Hotellobby ihre Körper gestählt haben. Schon richtig, da geht es vielleicht um die letzten paar Zehntel, aber bei euch doch auch. Vor allem aber geht es um Verletzungsfreiheit und den Spaß am Laufen. Wer die Disziplin aufbringt und regelmäßig ein paar Übungen macht, hat gute Karten, den Spaß am Laufen nicht zu verlieren. Wenn euch künftig jemand fragt, ob bei euch »alles stabil« ist, dann hoffen wir, dass ihr beherzt mit »Ja« antworten könnt. Viel Spaß beim Ausprobieren der Übungen.

Stabitraining macht Spaß und nutzt jedem Läufer!

ANKER
»ICH BIN STABIL WIE EIN ANKER.«

WAS WIRD TRAINIERT?
Bauch

1
In Rückenlage die Schultern, wenn möglich, vom Boden abheben, Beine gestreckt, die Füße zeigen zur Decke. Sieht aus wie ein Angelhaken. Versuchen, Fußspuren an der Decke zu hinterlassen, dadurch werden die unteren Bauchmuskeln extra beansprucht. Das ist natürlich so gewollt.

2
Nun das linke Bein gestreckt zum Boden führen. Jetzt ist der Anker zu erkennen.

3
Sich von dieser Position wieder in einen Angelhaken verwandeln und die Bewegung mit dem rechten Bein wiederholen, Seiten in der Folge abwechseln.

VARIATIONEN
Um noch etwas mehr Bewegung in den Übungsablauf zu bekommen, kann man versuchen, in der Ankerposition die Fußspitze mit der Hand des gegenläufigen Arms zu erreichen (4). Wer eine zusätzliche Herausforderung sucht, kann mit ein paar kleinen Gewichten den Weg zu den Fußspitzen erschweren.

1

PRO-TIPP
Die zur Decke schauende Fußsohle ständig nach oben drücken, um möglichst das Becken in die Luft zu bekommen. Die Schultern bleiben, wenn möglich, auch ohne Bodenkontakt.

2

3

4

BEAR-WALK

»EINFACH VORSTELLEN, DASS WINNIE PUUH BÄRENSTARK SEINE KREISE MIT EUCH ZIEHT.«

WAS WIRD TRAINIERT?

Bauch, Schultern, Becken

1

Im Vierfüßlerstand starten. Von der Seite betrachtet bildet ihr mit dem Boden ein beinahe quadratisches Viereck. Wie nah ihr am Quadrat seid, entscheidet das Längenverhältnis der beteiligten Körperpartien. Dann beide Knie vom Boden so weit abheben, dass Po und Schultern in etwa auf einer Höhe sind.

2

Die Oberschenkel bleiben senkrecht zum Boden, die Kontaktpunkte sind jetzt die Fußspitzen und die Hände.

3

Zum Start eine Hand und das gegenläufige Bein etwa eine Handlänge nach vorn führen, Füße und Hände absetzen und die Bewegung mit der anderen Hand und dem anderen Bein wiederholen. Die Knie bleiben immer im gleichen Abstand zum Boden. In diesem Stil tapst ihr langsam wie ein Bär vorwärts.

VARIATIONEN

Formen gehen: Ein Kreis bietet verschiedene Optionen. Zum einen könnt ihr auf dem Kreis vorwärts oder rückwärts tapsen, oder ihr bewegt euch im Kreis und behaltet eure Blickrichtung dauerhaft bei. Die Blickrichtung beizubehalten ist anspruchsvoll, da kein Schritt dem anderen gleicht, ihr aber trotzdem geschmeidig eure Runde drehen sollt.

PRO-TIPP

Achtet darauf, dass die Schritte der Hände und der Füße gleich lang sind, sonst seid ihr nach ein paar Metern ein arg gestreckter Bär. Das geht zwar auch als Stabiübung durch, ist aber zu Beginn wahrscheinlich sehr herausfordernd. Das Einfachste ist, ein Quadrat zu tapsen. Vorwärts – seitlich – rückwärts – seitlich, und schon seid ihr wieder am Ausgangspunkt. Besonders die seitliche Bewegung ist gar nicht so einfach, da die Extremitäten sich weiter gegenläufig bewegen sollen.

1

2

3

BOAT TO BANANA

»IHR SEID EIN BOOT, DENKT AN EINEN MINION, DER EUCH ANFEUERT UND ›BANANA‹ RUFT.«

WAS WIRD TRAINIERT?

Der gesamte Rumpf, Po

1

Rückenlage, Bauch auf Spannung, den Kopf vom Boden abheben, Arme nach hinten, die Beine nach vorn ausstrecken und vom Boden abheben. Jetzt seid ihr ein Boot.

2

Nun wird es anstrengend und koordinativ anspruchsvoll! Aus dem Boot mit einem ordentlichen Impuls und mit Schwung über die Hüfte in die Bauchlage gelangen. Die Füße und Hände berühren dabei nicht den Boden, Arme und Beine bleiben gestreckt.

3

Nun seid ihr eine Banane. Kurz in dieser Position verharren.

4

Wenn ihr wieder ein Boot seid, wiederholt die Drehung in die andere Richtung. In der Seitenposition müsst ihr darauf achten, dass ihr zumindest gefühlt möglichst wenig Kontakt zum Boden habt. Dadurch werden eure Muskeln noch etwas mehr gefordert.

VARIATIONEN

»Boat to Banana« ist perfekt mit Gummibändern, Medizinbällen oder anderen Folterinstrumenten kombinierbar. Einen Ball zwischen die Knöchel geklemmt oder ein Miniband auf Spannung in den Händen fordert noch mehr Muskeln. Wenn ihr so etwas nicht zur Hand habt, weil euer Budget zuerst Laufschuhe und ein Stirnband stemmen musste, dann nehmt ein Handtuch in die Hände und versucht, dieses, während ihr euch nach links und rechts dreht zu zerreißen.

1

PRO-TIPP

In der Ausgangsposition könnt ihr über den Winkel der Beine die Belastung auf eure Bauchmuskulatur steuern. Wenn ihr euch dann dreht, müssen Beine und Rumpf in einer Linie sein. Sonst könnt ihr nämlich nicht über die Hüfte rollen.

2

3

4

HACKEPETRA
»EIN STARKER RÜCKEN KANN AUCH ENTZÜCKEN!«

WAS WIRD TRAINIERT?
Rücken, Oberschenkel, Schultern

1
Etwas breiter als schulterbreit hinstellen, in die halbe Kniebeuge gehen, den Oberkörper leicht nach vorn lehnen und die Arme über den Kopf strecken. Nacken und Oberkörper bilden eine Linie. Schulterblätter leicht zusammenziehen und darauf achten, dass der Rücken gerade ist.

2 & 3
Die Arme gegenläufig auf und ab bewegen. Die Bewegung kommt aus der Schulter, wobei Ellenbogen und Handgelenke gestreckt bleiben.

VARIATIONEN
Mit kleinen Gewichten wie 0,5-Liter-Wasserflaschen in den Händen oder Minibändern um die Handgelenke werden die Schultern noch etwas mehr gefordert. Ein Miniband um die Knie fordert eure Oberschenkelaußenseiten extra.

PRO-TIPP
Wenn der Po gleichmäßig ein wenig auf und ab bewegt wird, werden die Oberschenkel noch etwas mehr belastet. Prima Vorbereitung für die nächste Skisaison.

1

2

3

KÄFER

»AUF DEM BODEN LIEGEND EINEN SICHTLICH ANGESTRENGTEN KÄFER IMITIEREN – ES KANN ALSO NICHT AN MOTIVATION MANGELN.«

WAS WIRD TRAINIERT?

Bauch, Beinheber, Schultern

1

Rückenlage wie ein Käfer, Oberschenkel und Arme senkrecht stellen und Schulterblätter – wenn möglich – vom Boden anheben. Darauf achten, beim Start der Arm- und Beinbewegungen die Wirbelsäule im Lendenwirbelbereich möglichst in Bodennähe zu belassen. Die Abbildung zeigt die Endposition der Arme und Beine, bevor es wieder zurück- und in die Endposition auf der anderen Seite geht.

2

Diese Abbildung zeigt eine kleine Zwischensequenz kurz nach dem Lösen der Endposition. Die Bewegung der Arme und Beine ist flüssig und ruhig. Der Nacken ist möglichst locker, trotz Spannung im Rumpf vergesst ihr nicht zu atmen, ihr achtet darauf, dass die Wirbelsäule keinen Tunnel bildet, durch den eine Modelleisenbahn durchpassen könnte und eure Schultern der Modelleisenbahn aber genug Luft zur Durchfahrt lassen. Mit euren Händen und Füßen versuchen, in der Endposition für eine Millisekunde einen Punkt zu erreichen, der gerade noch einen Zentimeter zu weit entfernt schien. Atmen nicht vergessen!

VARIATIONEN

Aus der Ausgangsposition versuchen, mit dem rechten Arm das linke Knie wegzudrücken. Das Knie hält dagegen. Nun den linken Arm und das rechte Bein in die Endposition und von dort zurück in die Ausgangsposition bringen (3). Wer mag, kann die Seiten wechseln. Wer nur eine Seite arbeiten lässt, sollte mitzählen und für die andere Seite ein paar Körner übriglassen. Der Arm sollte dauerhaft gegen das Knie drücken und umgekehrt. Und zwar Vollgas!

Wenn die Beine nicht ganz so flach über dem Boden gestreckt sind wie auf den Fotos, ist der Käfer zu Beginn sicher einfacher. Die Belastung der Bauchmuskulatur hängt stark mit dem Winkel der Extremitäten zum Boden zusammen. Mit Winkelveränderungen kann man sich perfekt auf das individuelle Belastungsniveau einpendeln.

PRO-TIPP

Die Übung wird nicht besser, wenn sie schnell(er) ausgeführt wird. Konzentration ist gefragt.

1

2

3

KRABBE
»LAUFT, SOLANGE IHR KÖNNT, DANACH WIRD GE-KRABBE-LT!«

WAS WIRD TRAINIERT?
Seitlicher Rumpf, Beckenboden (so etwas haben auch Männer), Po

1
Auf die Hüfte legen, Beine angewinkelt übereinander legen und mit dem Unterarm am Boden abstützen. Unterarm, Knie und Unterschenkel bleiben während der gesamten Übung am Boden.
2
Nun die Hüfte nach oben drücken, gleichzeitig die Beine öffnen. Während der Aufwärtsbewegung der Hüfte diese auch nach vorn schieben.
3
Die Hüfte maximal weit nach oben bringen und nach vorn schieben, die Knie gehen so weit auseinander wie möglich. Dann wieder zurück in die Ausgangsposition und den Bewegungsablauf wiederholen.

VARIATION
Perfekt ist ein Miniband um die Knie, das die Intensität steigert. Mehr Variation braucht es nicht.

PRO-TIPP
Nicht unterschätzen! Die Übung sieht unspektakulär aus, aber schon beim ersten Krabbenversuch merkt man, dass dem nicht so ist.

1

2

3

DAS »L«

»IRGENDWANN BERÜHRE ICH MIT MEINEN ZEHENSPITZEN DIE NASE!«

WAS WIRD TRAINIERT?

Rücken/Schultern, Beinheber, alles rund um die Hüfte

Leider waren wir bei der Namensgebung dieser Übung nicht allzu kreativ. Deswegen heißt sie einfach nur »L«. Aber wenn wichtige Personen im Umfeld von James Bond mit »M« und »Q« auskommen, dann reicht für diese Stabiübung auch einfach mal ein Buchstabe.

1

Auf den Po setzen, Knie durchstrecken, die Fußspitzen zur Nase ziehen. Den geraden Oberkörper nun so weit wie möglich in Richtung der Fußspitzen schieben, sodass Beine und Oberkörper möglichst einen rechten Winkel ergeben. Der Nacken ist entspannt. Dann die Arme über den Kopf strecken, wobei die Daumen nach hinten zeigen.

2

Ein Trainingspartner kann die Position mit der flachen Hand korrigieren. Wenn der Rücken die Hand berührt, ist es Zeit, wieder aktiv nach vorn zu arbeiten.

3

Wieder in der Ausgangsposition angelangt ein ausgestrecktes Bein über ein kleines Hindernis heben und danach kurz auf dem Boden ablegen.

4

Wie zu sehen: Es ist gar nicht so einfach, die Körperspannung in jeder Position zu halten.

VARIATIONEN

Die Höhe der Hindernisse kann so gewählt werden, dass die Beinheber noch das eine Prozent extra arbeiten müssen. Einen Medizinball oder ein anderes Gewicht – wie eine volle Wasserflasche – über dem Kopf stabil zu halten, fordert noch einmal mehr. Mit Gummibändern sind weitere Herausforderungen, im wahrsten Sinne des Wortes, in alle Richtungen möglich. Generell gilt: Erst die einfache Grundvariante sehr gut beherrschen, bevor der nächste Schritt folgt.

PRO-TIPP

Stellt die Hindernisse zu Beginn am besten so auf, dass ihr in der letzten Position richtig gefordert werdet, ihr aber die Übung noch möglichst sauber ausführen könnt. Vielleicht reicht es aus, am Anfang das gestreckte Bein zu heben und auf Hindernisse zu verzichten. Das fordert eure Muskulatur auch schon ordentlich.

1

2

3

4

MOUNTAINCLIMBER

»›AIN'T NO MOUNTAIN HIGH ENOUGH‹ VON MARVIN GAYE UND TAMMI TERRELL AUF DIE PLAYLIST - UND LOS GEHT`S!«

WAS WIRD TRAINIERT?
Bauch, Arme, Beine

1

In Bauchlage Bein- und Rumpfmuskulatur anspannen und mit einem Liegestütz nach oben drücken. Von oben in Liegestützposition gehen ist auch möglich, aber stets darauf achten, dass Beine, Rumpf und Nacken eine Linie bilden. Im Grunde ist der Mountainclimber wie ein Kniehebelauf an einer Wand, nur stützt man sich flach auf dem Boden ab anstatt an einer Wand. Auf der Abbildung sehr ihr, dass der Po für eine optimale Liegestützposition etwas zu weit oben ist. Um die Gesundheit eurer Knie nicht zu gefährden, ist das bei dieser Übung aber erlaubt und sicher ratsam. Die Arme können – wie auf dem Bild zu sehen – leicht angewinkelt sein, aber man kann sie auch durchstrecken, solange die Hände auf Brusthöhe bleiben.

VARIATIONEN
Anstatt die Beine gerade zur Brust zu führen, können die Knie diagonal Richtung des gegenläufigen Ellenbogens geführt werden.

Erlaubt ist natürlich auch die Ausführung an einer Parkbank. Die Hände auf der Sitzfläche oder an der Lehne entlasten Arm- und Bauchmuskulatur und ermöglichen somit eine höhere Schlagzahl der Beine.

PRO-TIPP

Wer noch kein Mountainclimberprofi ist, kann die Übung selbstverständlich auch langsam ausführen. Aus der Liegestützposition ein Knie zur Brust hin- und zurückführen, dann das selbe Spiel auf der anderen Seite. Wenn das Knie vorn an der Brust ist, bleibt die Fußspitze in der Luft. Im Laufe der Zeit können Dynamik und Geschwindigkeit der Übung erhöht werden. Wenn die Beinbewegungen richtig schnell werden, bleibt ohnehin keine Zeit mehr, die Füße vorn abzusetzen.

1

RÜCKENBRÜCKE

»JE STABILER DAS BECKEN, DESTO GERINGER DER HÜFTKNICK IM ENDSPURT.«

WAS WIRD TRAINIERT?

Rücken, Po, Oberschenkelrückseite

1

In Rückenlage beginnen, Hacken zum Po ziehen und diesen so weit nach oben ziehen, dass Oberschenkel und Rumpf eine Linie bilden, wie auf der Abbildung zu sehen ist.

2

Aus dieser Grundposition ein Bein gerade ausstrecken. WICHTIG: Im wahrsten Sinne des Wortes müssen jetzt die Arschbacken zusammengekniffen werden. In dem Moment, in dem das Bein den Boden verlässt, tendiert das Becken dazu, in diese Richtung abzukippen, was es zu verhindern gilt.

3

Jetzt kommt noch mehr Dynamik ins Spiel: Nun das Bein aus der gestreckten Position an den Körper ziehen. Aus dieser Position das Bein wieder ausstrecken und so weiter. Wichtig ist, dass der Po die Position über dem Boden stets beibehält und das Becken nicht abkippt.

4

Um die Muskulatur im Becken zusätzlich zu fordern, kann das Bein nach außen geklappt werden. Dann wird es noch schwieriger, die Hüfte in einer geraden Position zu halten.

5

Ist das Bein ausgeklappt, kann es außen in die Streckung gebracht werden. Aus der Streckung kann man das Bein wieder an die Brust ziehen oder aber das Bein den selben Weg zurückführen.

VARIATIONEN

Bei dieser Übung verstärken Minibänder den Schwierigkeitsgrad sowohl bei der Halteübung als auch bei der dynamischen Variante. Auch wenn die Hüftposition eigentlich stabil sein soll, kann das Senken und Heben des Pos in die Übung eingebaut werden. Dann wird aus der Rückenbrücke eine Hüfthebeübung.

PRO-TIPP

Ihr müsst mit dem Fuß auf dem Boden ordentlich Druck auf selbigen ausüben. Das hilft, die Spannung zu halten.

1

2

3

4

5

RUNNER

»DIE ARME ÜBERHOLEN DIE BEINE NICHT, ABER DIE ARME SIND SCHNELL, DANN KÖNNEN DIE BEINE DAS AUCH.«

WAS WIRD TRAINIERT?

Beine, Arme, Rumpf

1

Die Ausgangsposition ist ein normaler Ausfallschritt. Die Arme wie beim Laufen bewegen und langsam die Frequenz der Armbewegung erhöhen, bis es nicht mehr schneller geht. Gleichzeitig bewegt ihr eure Hüfte senkrecht auf und ab.

2

Während sich eure Hüfte auf und ab bewegt, werdet ihr feststellen, dass euer Gleichgewicht ganz schön gefordert ist.

3

Achtung: Beim langsamen Auf- und Abbewegen der Hüfte müssen die Arme trotzdem in der maximalen Geschwindigkeit weiterarbeiten.

VARIATIONEN

Die Armbewegung geht natürlich auch ohne Auf- und Abbewegung der Hüfte und fordert dennoch die Beine. Für ein intensiveres Training der Arme kann man kleine Gewichte in die Hände nehmen. Oder ein Gummiband um die Türklinke legen, die Enden in beide Hände nehmen und gegen den Zugwiderstand arbeiten.

PRO-TIPP

Die volle Konzentration ist nötig, denn diese Übung erfordert ein gutes Gleichgewicht.

SEITSTÜTZ

»NUR NOCH EIN PAAR SEKUNDEN DURCHHALTEN - UND SEITENWIND KANN MICH NIE WIEDER VON DER STRECKE SCHIEBEN!«

WAS WIRD TRAINIERT?

Seitliche Rumpfmuskulatur, Schultern, seitlicher Rest

1

Um in den Seitstütz zu kommen: kerzengerade hinstellen, einen Fuß etwas vor den anderen stellen und zur Seite umkippen lassen. Einfach mal das Buch im Uhrzeigersinn um fast 90 Grad drehen – und ein Seiltänzer ist zu sehen. Praktisch würde das Umkippen aber zu blutenden Ellenbogen führen, deswegen zu Beginn besser auf die Seite legen, den Unterarm auf den Boden und die Hüfte in die Position bringen, wie auf dem Foto zu sehen. Den anderen Arm nach oben strecken oder einfach am Körper anlegen. Schiebt euren Po so nach vorn, dass jede Ebene eures Körpers eine gerade Linie bildet – und fertig ist die Übung. Nun diese Position eine Weile halten und dann die Seite wechseln.

VARIATIONEN

2

Die Variante für Fortgeschrittene: Das Bein einfach nur wegstrecken oder stetig auf und ab bewegen. So arbeiten noch mehr Muskeln, und der abgehobene Fuß gibt keinen Halt mehr auf dem Boden. Einfach ausprobieren, wie lange ihr diese Position halten könnt. Wie hoch kommt ihr mit dem Bein und bliebt dennoch immer stabil in der Ausgangsposition? Es gibt natürlich noch viele weitere Variationen. Das Becken auf und ab bewegen, das Knie des oberen Beins zur Brust ziehen oder mit dem oberen Arm unter dem Rumpf durchgreifen und dann den Arm wieder nach oben strecken beispielsweise.

PRO-TIPP

Um die perfekte Position zu finden: Stellt euch vor, wie ihr mit der Hüfte neinen oben befindlichen Lichtschalter anknipsen wollt und versucht, diesen gedrückt zu halten.

1

2

SQUAT TO ANKLE JUMP
»EGAL OB BIRNE, PFIRSICH ODER APFEL, DER PO WIRD AUF JEDEN FALL KNACKIG!«

WAS WIRD TRAINIERT?
Beine, Po

1
In die halbe breite Hocke gehen, auch Kniebeuge oder Squatposition genannt.
2
Nun nach oben wie ein Frosch abspringen. Bei Fröschen sieht das in der Luft tatsächlich genau so aus. Die starten zwar aus einer noch tieferen Position, strecken die Hinterbeine dann aber genauso.
3
Die Beine in der Luft schließen, damit man Hacke an Hacke mit gestreckten Beinen auf dem Boden landen kann.
4
Knie bei der Landung möglichst gestreckt halten! Das Model macht's hier nicht, aber sowas kommt bei den besten Fotomodellen vor.
5
Im Moment der Landung sofort versuchen, sich durch einen Impuls aus den Fußgelenken wieder nach oben zu katapultieren.
6
In der folgenden Flugphase die Beine wieder so weit grätschen, ...
7
... dass man wieder in der Ausgangsposition landet. Jetzt nicht lange fackeln und die nächsten Sprünge folgen lassen!

VARIATIONEN
Eigentlich gibt es in dem Übungsablauf keine Variation. Die Kraft, mit der abgesprungen wird, kann man aber variieren, beispielsweise bei Wiederholungen einige Sprungfolgen mit maximaler Kraft durchführen und eine längere Pause folgen lassen.

PRO-TIPP
Auf einen gleichmäßigen Rhythmus und eine moderate Sprunghöhe achten – vor allem dann, wenn die Übung in ein Zirkeltraining eingebaut ist.

1

2

3

4

5

6

7

STANDWAAGE
»›GEWAAGTE‹ FUSSGELENKE KNICKEN NICHT UM.«

WAS WIRD TRAINIERT?
Rücken, Beine, Beinachsenstabilität

1
Aufrecht hinstellen, Füße parallel. Ein Bein nach hinten/oben strecken, während der Oberkörper nach vorn klappt. Oberkörper und das sich nach oben bewegende Bein bilden eine Linie, Oberkörper und Bein sind auf Spannung.
2
Die Arme gestreckt nach hinten führen, Gleichgewicht halten.
3
In der Position der Standwaage eine Weile verharren und wieder zurück in die Ausgangsposition.

VARIATIONEN
4
In der Waageposition könnt ihr eure Arme in einer Kreisbewegung gestreckt nach vorn führen. Kleine Gewichte erhöhen die Intensität.
5
Die Königsdisziplin in Sachen Standwaagen: Aus der Ausgangsposition rotiert ihr euren Oberkörper zuerst in die eine, ...
6
... dann in die andere Richtung. Der Kopf muss sich dabei möglichst mitdrehen. Es ist gar nicht so einfach, das Gleichgewicht zu halten, wenn die Augen ihren Fixpunkt am Boden verlassen.

PRO-TIPP
Wer sich bei einem Workout richtig fordern will, für den ist die Standwaage auf den ersten Blick nicht geeignet. Wer diese Übung aber fleißig in Angriff nimmt, merkt sicher, dass der ein oder andere Muskel arbeitet, den man sonst nicht so auf dem Schirm hat.

1

2

3

4

5

6

TROMMLER ODER TROMMLERIN
»TATATATATATATATATATATATATATATATATATA …«

WAS WIRD TRAINIERT?
Rücken, Schultern, Po

1
Bauchlage, Arme nach vorn strecken, Zehenspitzen vom Boden abheben. Die Nasenspitze bleibt so weit über dem Boden, dass man das Gras fressen kann, aber der Geschmack der Erde verwehrt bleibt. Nacken, Oberkörper und Beine bilden eine Linie.

2
Aus der Ausgangsposition Arme und Beine gegenläufig auf und ab bewegen. Die Extremitäten bleiben dabei gestreckt. Die Wegstrecken, die Hände und Füße zurücklegen, sind nicht groß. Ellenbogen und Knie sowie die Knöchel und Handgelenke bewegen sich nicht.

VARIATIONEN
Kleine Gewichte in die Hand nehmen oder mit Minibändern den Bewegungsdrang der Beine einschränken erhöht die Intensität. Wichtig ist, dass immer aus der Hüfte und den Schultern heraus gearbeitet wird.

PRO-TIPP
Auch die Ausgangsposition geht schon als Übung durch. Einfach mal mit einer Hand den Rücken abtasten, dann spürt man, dass da ganz schön Spannung drauf ist. Die Hand zu einer Faust zu ballen ist erlaubt, aber nicht notwendig. Nützlich wird die Faust im Verlauf der Übung, wenn man einen Schuldigen für die Strapazen sucht und diesen im Boden gefunden hat. Wiederholt im Kopf während der Übung andauernd die Worte »Hüfte und Schultern bewegt, Knie und Ellenbogen gestreckt«. So werdet ihr ständig daran erinnert, was sich bewegt und was nicht.

1

2

UNDER THE BRIDGE
»EGAL WAS PASSIERT: NUR NICHT VERKNOTEN!«

WAS WIRD TRAINIERT?
Irgendwie alles

Weil ein Bein von hinten nach vorn durch »die Brücke« muss, heißt die Übung bei uns »Under the Bridge«. Der Bewegungsablauf fordert den Rumpf, und das Bein gerade nach vorn zu strecken erfordert eine gute Koordination und einiges an Muskelkraft.

1
Den Po aus dem Vierfüßlerstand nach hinten bewegen, die Knie verlassen den Boden, die Achillessehnen sind auf Spannung.
2
Den linken Fuß etwas nach außen rotiert nach vorn setzen und direkt neben die linke Hand stellen. In der dynamischen Variante verlässt die Hand den Boden und macht Platz für den Fuß. In der langsameren Übungsversion wartet die Hand auf den Fuß und hebt dann ab.
3
In der Bewegung nach vorn und mit Position des linken Fußes das rechte Bein nach vorn ziehen und gerade ausstrecken. Den Boden berühren nur die rechte Hand und der linke Fuß. Langsam und ohne Schwung das Bein unter der Arm- /Beinbrücke nach vorn zu bewegen, ist gar nicht so einfach. Das geht in der dynamischen Variante leichter.
4
Ist das Bein gestreckt, zieht man es wieder durch die Brücke nach hinten. Die linke Hand ersetzt wieder den linken Fuß, welcher neben dem rechten Fuß Platz nimmt, der Po ist wieder hinten, und weiter geht es mit der anderen Seite.

VARIATIONEN
Der Übungsablauf ist immer gleich. Die Übung ist ohnehin komplex genug. Wichtig ist die korrekte Ausführung. Achtet darauf, dass das nach vorn gestreckte Bein knapp über dem Boden bleibt und nicht nach oben zeigt.

PRO-TIPP
Bevor ihr »Under the Bridge« dynamisch durchführt, absolviert die Schritte langsam und bewusst, praktisch in Zeitlupe. In der dynamischen Variante die Vorspannung der Achillessehnen nutzen und sich nach vorn katapultieren. Quasi von der einen in die andere Position springen.

1

2

3

4

UNTERARMSTÜTZ

»ICH BIN NICHT NUR EIN BRETT, ICH BIN EIN STAHLTRÄGER: UNBEUGSAM UND UNBIEGSAM!«

WAS WIRD TRAINIERT?

Bauch, Schultergürtel, Oberschenkel, Po

1

In Bauchlage starten, dann Fäuste auf Schulterhöhe positionieren, Unterarme auf den Boden, Ellenbogen auf Schulterhöhe und ganz nah am Körper positionieren, Zehenspitzen auf den Boden stellen. Spannung in Bauch, Po und Beinen aufbauen und dann den Körper wie ein steifes Brett nach oben drücken. Den Po lieber ein wenig zu hoch justieren. Dann hat man einen oder zwei Zentimeter Spielraum, wenn die Schwerkraft ihren Tribut fordert.

2

Plank mit einem Bein abheben: Die Ausgangsposition bleibt gleich. Wenn ein Bein abgehoben wird, darauf achten, dass die Hüfte möglichst parallel zum Boden bleibt. Jetzt heißt es: Muskeln spielen lassen, Spannung halten und die Hüfte dort lassen, wo sie ist.

3

Plank mit einem Arm nach vorn strecken: Die Ausgangsposition bleibt gleich. Für etwas mehr Stabilität können die Beine etwas weiter auseinander gegrätscht werden. Hauptsache, der Körper bleibt auf einer Linie. Dann einen Arm nach vorn strecken. Besonders auf die Spannung zwischen Knie und Bauchnabel achten, damit die Hüfte sich nicht auf Wanderschaft begibt.

VARIATIONEN

4

Zweipunktplank: In der Ausgangsposition ein Bein anheben und gleichzeitig den gegenläufigen Arm ausstrecken, aber nicht gleich beide Extremitäten von sich werfen. Zeit lassen und zuerst ein Bein heben, Position finden und dann den Arm ausstrecken. Mit ein wenig Übung schafft man es bald, Arm und Bein gleichzeitig vom Boden anzuheben. Da nur noch ein Ellenbogen und ein Fuß auf dem Boden sind, ist diese Variante besonders anspruchsvoll.

PRO-TIPP

Absolviert die Übung vor einem Spiegel, dann könnt ihr eure Position, besonders die Hüfte, immer wieder korrigieren.

1

2

3

4

LAB

KAPITEL 5

DER WETTKAMPF

GUT GERÜSTET FÜR TAG X

Wettkämpfe werden oder sind für viele Läufer das Salz in der Suppe. Einige stehen mit dem Messer zwischen den Zähnen an der Startlinie, andere nehmen die Startnummer auf der Brust zwar ernst, aber sehen dem Startschuss eher gelassen entgegen.
Aber uns geht es nicht um die letzten Minuten vor dem Start, wir wollen euch ein paar Tipps geben, wie ihr gelassen das Messer zwischen die Zähne nehmen könnt, wenn der Countdown zum Startschuss heruntergezählt wird. Gute und eingeübte Wettkampfroutinen können wahrlich Gold wert sein.

DER TAG VOR DEM WETTKAMPF

Ruht euch aus! Natürlich könnt ihr noch eine kleine Runde im Park drehen, um eure Beine auszuschütteln, eine Sightseeingtour wird euch am nächsten Tag aber schwer in den Beinen hängen. Wenn der Wettkampf vor eurer Haustür stattfindet, dann werden euch die Sehenswürdigkeiten rund um den Marktplatz ohnehin bekannt sein. Wenn ihr aber in einer Metropole euren ersten Marathon absolvieren wollt, dann plant die Sehenswürdigkeiten nach dem Zieleinlauf ein. Am nächsten Tag sind eure Beine zwar auch schwer, aber mit der Medaille um den Hals durch die Stadt schlendern wird euch sicher einige anerkennende Blicke oder nette Gespräche garantieren. Am Tag davor darf auch gut gegessen werden! Die Wettkampftasche beziehungsweise die Wettkampfausrüstung checkt ihr dann auch noch einmal. Am nächsten Tag darf nämlich nichts fehlen!

DIE NACHT VOR DEM WETTKAMPF

So wichtig ist die letzte Nacht gar nicht. Es kann sein, dass ihr mit dem Kopf schon beim Rennen seid und euer Schlaf nicht mehr so ruhig ist, wie ihr euch das wünscht. Keine Sorge: Wenn ihr die Woche davor gut geschlafen habt, dann macht die eine unruhige Nacht nichts. Wenn ihr in der letzten Nacht vor dem Wettkampf ein Hotel benötigt, schaut, dass es euren Routinen am Wettkampftag entgegen-

SANDRAS ANEKDOTE

ICH ESSE AUCH MAL DREI PIZZEN

Da es mittlerweile bekannt ist, dass ich sehr gern sehr weit laufe, hier eine kleine Anekdote zum Abend vor meinen zweiten 100 Meilen (168 Kilometer mit 7.200 Höhenmetern): Okay, ich wusste, ich werde in den etwa 36 Wettkampfstunden sehr, sehr viel Kalorien verbrennen. Ich wusste, der Startschuss fällt nachts um drei Uhr, eine Zeit, zu der ich gewöhnlich wenig bis nichts essen kann. Also waren wir am Vorabend in einem italienischen Lokal. Ich bestellte eine Pizza und ein Bier, wie immer vor dem Wettkampf. Irgendwann bestellte ich eine zweite, denn ich wusste ja: Die Kalorien müssen rein. Das müde und leicht sarkastische ›Schafft-sie-eh-nicht-Lächeln‹ des Kellners ignorierte ich. Auch diese Pizza aß ich ohne große Mühe und lange Pausen. Mein Kopf schien jegliches Sättigungsgefühl ausgeblendet zu haben. Also bestellte ich eine dritte Pizza und ein zweites großes Bier. Als ich auch diese Bestellung recht zügig ›abarbeitete‹, kam der Pizzabäcker aus der Küche, um mir persönlich zu gratulieren. Er hatte zuvor noch nie jemanden erlebt, der drei seiner großen Pizzen vernichtet hat. Als ein paar Stunden später mein Wecker für den Wettkampf klingelte, reichten mir ein paar Plätzchen als Frühstück – sowohl für den Magen als auch für den Kopf – und ab auf die Strecke. Ich lief diese 100 Meilen im Gegensatz zum Vorjahr ohne Hungerast. Meine Versorgung war optimal.

kommt. Ruhig sollte es sein und nah am Startpunkt. Zumindest sollte der Startpunkt von dort gut zu erreichen sein.

DER TAG X

Aufstehen und frühstücken. Sicher habt ihr im Training schon herausgefunden, wann ihr die letzte Mahlzeit oder den letzten Snack zu euch nehmen könnt, um voller Energie, aber leicht wie eine Feder am Start zu stehen. Die meisten Wettkämpfe starten ja morgens, also beschreiben wir hier den morgendlichen Ablauf. Ihr startet, nachdem ihr nochmal auf der Toilette gewesen seid, rechtzeitig und mit genügend Puffer zum Startpunkt. Wenn ihr mit dem Auto anreist, habt ihr euren eigenen Umkleideschrank dabei, also müsst ihr nicht schauen, wo ihr eure Kleidung abgeben könnt. Besser als die Kleidung an einer offiziellen Stelle des Veranstalters abzugeben ist, diese einem eigenem Betreuerteam zu übergeben. Eltern, Partner oder Freunde unterstützen euch sicher gern, wenn ihr deren Kohlenhydrataufnahme nach eurem Zieleinlauf durch eine Einladung zum Essen sichert. Solltet ihr mit den öffentlichen Verkehrsmitteln oder sogar mit einem kurzen Spaziergang das Startgelände erreichen und kein Betreuungsteam dabei haben, dann nehmt euch einen alten Pulli mit, den ihr nach dem Startschuss auszieht und somit quasi der Altkleidersammlung zugutekommen lasst.

Jetzt sind wir aber bei der Startaufstellung und hätten fast vergessen, euch auf etwas sehr Wichtiges hinzuweisen: Toilettenpapier! Wir haben ja schon geschrieben, dass Toilettenpapier zur Grundausstattung bei Dauerläufen gehört. Das gilt auch für Rennen. Und zwar besonders vor dem Start. In der Regel gibt es auf dem Startgelände immer genug Toiletten – bitte nutzt diese und nicht den Vorgarten eines Anwohners. Toilettenpapier ist aber ein Verbrauchsartikel und ist oft genau dann nicht mehr vorhanden, wenn ihr an der Reihe seid.

salomon
ULTRAKS
3102
3003
2100
3047

salomon
Hervis
SPORTS
SUUNTO
2209
HANNES
3011
MARTIN
3114
3013
THOMAS
3005
ULTRAKS

BE S-M-A-R-T FORMEL

AM BEISPIEL DES ERSTEN (HALB-)MARATHONS

S
SEID SPEZIFISCH!

Definiert euer Ziel nicht nur »irgendwie«, sondern ganz konkret.

»Ich möchte einen (Halb-)Marathon laufen« reicht für eine gezielte Planung leider nicht ganz aus. Sucht euch für euren ersten (Halb-)Marathon eine Veranstaltung heraus, die mindestens acht Wochen (auf diesen Zeitraum sind die meisten Trainingspläne ausgelegt) in der Zukunft liegt und ein – je nach Belieben – flaches oder hügeliges Streckenprofil aufweist; dann meldet euch gleich dazu an. So habt ihr eine Verbindlichkeit geschaffen und genug Zeit für eine ordentliche Vorbereitung: Außerdem sollte, wenn das Ziel »Halbmarathon« lautet, bereits im Vorfeld schon einmal eine längere Distanz (beispielsweise 10 Kilometer) absolviert worden sein.

M
ES MUSS MESSBAR SEIN!

Gut, ihr habt euch also angemeldet. Gratulation!

Nun konkretisiert euer Ziel und schafft eine messbare Größe. Im Fall des (Halb-)Marathons: Möchtet ihr einfach nur durchlaufen oder habt ihr eine bestimmte Zeit (beispielsweise unter 2,5 Stunden) im Hinterkopf?

A
AKZEPTABEL, ANGEMESSEN UND ATTRAKTIV!

Okay, der erste Halbmarathon unter 2,5 Stunden soll es sein.

Fühlt ihr euch damit wohl, fordert es euch genug? Stimmt euch der Gedanke an das Ereignis positiv, oder verbindet ihr es mit Stress und einem unguten Gefühl? Stress? Dann wäre es jetzt an der Zeit nachzujustieren. Doch lieber nur durchlaufen oder eher die 2:45 Stunden anpeilen?! Noch habt ihr genügend »Luft«, um den Trainingsplan anzupassen.

PRO-TIPP
WETTKAMPF-ROUTINEN KURZ UND KNAPP

Rechtzeitig vor dem Start die letzte Mahlzeit zu sich nehmen. Anreiseweg checken und mit genügend Puffer anreisen. Einen Zeitplan machen, in dem der letzte Snack, das Warm-up, die Kleiderabgabe und die Startaufstellung Berücksichtigung finden. Rechtzeitig auf die Toilette (mit Papier) gehen. Einen Treffpunkt mit dem Betreuerteam ausmachen, falls ihr euch aus den Augen verliert. Das Chaos vor dem Start und im Ziel will schließlich geplant sein.

Sandra: »Über das ›Edelmetall‹ nach dem Frankfurt Marathon *habe ich mich sehr gefreut (o.).«*
Gemeinsam stark. Nach einer Transalpine Run-*Etappe Arm in Arm (u.).*

R

REALISTISCH!

Unserer Meinung nach der wichtigste Buchstabe der SMART-Formel und der Punkt, an dem die meisten Vorsätze scheitern.

Denn im Eifer der Zielsetzung überschätzt man sich beziehungsweise seine zeitlichen Kapazitäten leider häufig. Wenn ihr also eine Familie, einen 40-plus-Stunden-Job und ein aktives Privatleben habt, erlegt euch bitte nicht auch noch selbst dreimal die Woche den Besuch im Fitnessstudio auf; absolviert euer Stabi-Programm lieber im Alltag (morgendliche Squats, abendliches Planken oder Ausfallschritte, während ihr auf die S-Bahn wartet). Unrealistische Ziele sind der Feind eines jeden Vorsatzes; wenn man merkt, dass man das, was man sich vorgenommen hat, nicht einhalten kann, verliert man schnell den Spaß an der Sache und schiebt das Ziel lieber auf das nächste Jahr – denn dann wird ja wieder alles besser ...

T

TERMINIERT

Der letzte Punkt der SMART-Formel ist die terminliche Zielsetzung. Trainiert ihr auf den (Halb-)Marathon im Herbst hin, solltet ihr euch Zwischenziele setzen und immer wieder ein paar offizielle Läufe zur Überprüfung eurer maximalen Leistungsfähigkeit einstreuen. So bleibt ihr am Ball und könnt euer Training immer mehr verfeinern.

SO, DAS WAR JETZT FURCHTBAR VIEL THEORIE!

Sorry! Dennoch: Ziele setzt man sich aus guten Gründen, und sollte man sie nicht erreichen – selbst wenn es sich nur um einen saloppen Neujahrsvorsatz handelt – nagt das doch einfach immer ein wenig an einem. Viel Spaß und viel Erfolg mit unseren Wettkampftipps!

KAPITEL 6

TRAILRUNNING

ÜBER STOCK UND STEIN

Okay, wir haben lange überlegt, ob wir ein Trailrunning-Kapitel einbauen sollen oder nicht. Da wir beide aber inzwischen hauptsächlich abseits befestigter Wege unterwegs sind, möchten wir euch gern – zumindest ein wenig – dieses Thema näherbringen. Wir erzählen euch, warum ihr es unbedingt probieren solltet und wie der Einstieg am besten gelingt.

TRAILRUNNING: WAS IST DAS EIGENTLICH?

Einfach Schuhe an und los, über Stock und Stein, auf schmalen Waldwegen und durch Pfützen laufen; die Freiheit und den Einklang mit der Natur spüren! Was für viele nach einer glücklichen Kindheitserinnerung klingt, nennt sich heute »Trailrunning« und darf selbstverständlich auch von Erwachsenen ausgeübt werden. Falls ihr es bislang noch nicht probiert habt, solltet ihr dies unbedingt tun!

Der Zugang zum Trailrunning ist denkbar einfach. Ein paar Kilometer am Stück sollte man schon laufen können, an die Stoßbelastung (den laufbedingten Aufprall) im gewissen Maß gewöhnt und die Fußgelenke sollten stabil sein, aber der Rest ergibt sich fast von allein. Und genau das macht das Trailrunning so besonders, denn ein jeder kann es betreiben! Selbstverständlich sollte der Natur der gebührende Respekt entgegengebracht werden.

Trailrunning kann schnell zu einem Lebensgefühl werden, zu einer Geisteshaltung, zur Möglichkeit, die persönliche Freiheit auszuleben – fernab vom erbarmungslosen Kampf um Sekunden, dem ewigen Messen miteinander und auch dem damit verbundenen Stress, welchen man sich oft macht.

Egal ob auf technisch anspruchsvollem Terrain oder Feldweg: Ein Trailrunner ist, wer abseits der Straßen unterwegs ist.

WIE WIRD MAN TRAILRUNNER?

Ein Trailrunner ist, wer sich als Trailrunner fühlt – und die Natur respektiert! Das bedeutet in erster Linie – wie erwähnt – (Trail-)Schuhe an und los, rauf auf die Trampelpfade und hinein ins Abenteuer! Es hält sich übrigens hartnäckig das Gerücht, dass man, um sich Trailrunner nennen zu dürfen, Berge hinaufrennen muss. Dem ist nicht so! Das wiederum ist Berglauf.

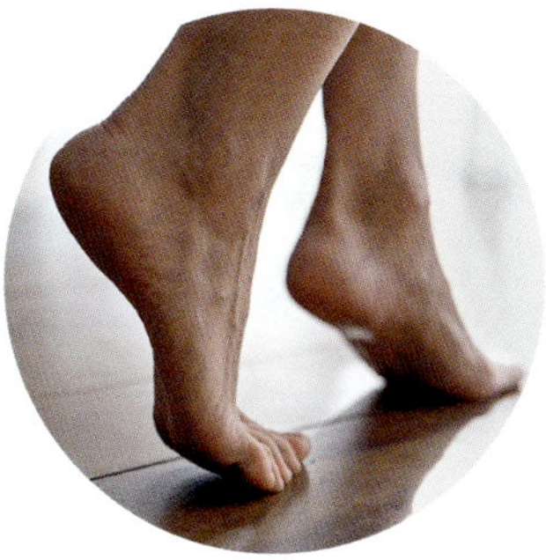

PRO-TIPP 1

Glucosamin, ein Vorläufer der bekannten Hyaluronsäure, unterstützt die »Gelenkgeschmeidigkeit«.

PRO-TIPP 2

Sandra: »Um plötzliche Müdigkeit sowie Energie- und Konzentrationslöcher in den Bergen zu vermeiden, empfehle ich, immer eine Notfall-Schokolade und einen Koffein-Shot dabei zu haben.«

WORIN LIEGT DER UNTERSCHIED ZUM WANDERN?

Ein Wanderer wandert, der Trailrunner läuft, wenn er kann, und er geht, wenn er muss – beziehungsweise, wenn er es möchte. Zudem hält der Trailrunner seine Ausrüstung im Vergleich zum Wanderer minimalistisch. Die Rucksäcke sind kleiner, die darin enthaltene Verpflegung spartanischer, das Schuhwerk leichter.

WAS BRAUCHT MAN ZUM TRAILRUNNING?

Das Wichtigste ist Freude an der Bewegung! Zudem ein gutes beziehungsweise angemessenes Schuhwerk. Hier meinen wir Schuhe mit entsprechend profilierter Sohle und im besten Falle einer Zehenkappe, falls man vielleicht doch das eine oder andere Mal an Steinen oder einer Wurzel hängen bleibt. Auch etwas zum Trinken und eine Kleinigkeit zum Essen sollten immer Gepäck sein, unterzuckert oder dehydriert laufen ist nicht lustig, es ist sogar gefährlich! Des Weiteren empfehlen wir ein kleines Erste-Hilfe-Set mit Tape, einem Wunddesinfektionsspray und Pflaster, eine Uhr mit Höhenmesser und ein Kompass sind ebenfalls nützlich.

IST TRAILLAUFEN SCHÄDLICH FÜR DIE GELENKE?

Wie immer und überall im Leben gilt auch beim Trailrunning die Formel: Die Dosis macht das Gift. Und im Falle von Trailrunning auch die Mischung. Wer immer wieder mit der Seilbahn hinauffährt und dann einfach nur steile Forststraßen herunterrennt, der wird sicherlich am Abend Knieschmerzen haben. Das ist aber nicht unbedingt Sinn und Zweck. Tendenziell ist Trailrunning gesünder für den Bewegungsapparat als das klassische Asphalt- und Bahnlaufen. Gründe hierfür sind ein überwiegend weicherer Untergrund sowie die natürlich variierende Schrittlänge durch unebenen Boden, was die Monotonie des Aufpralls entschärft und die ganzheitliche Belastung fördert. Bergauflaufen (hiermit sind natürlich auch Hügel, Brücken und/oder Sanddünen gemeint) fordert zum Beispiel die Muskulatur und den Bewegungsapparat anders als das Bergablaufen. Ein weiterer Punkt: Durch das häufig wechselnde Terrain spielen wir automatisch mit dem Tempo, haben also unterschiedliche Be- und Entlastungsphasen. Euer Herz-Kreislauf-System findet das toll.

MUSS NOCH EIN ZUSÄTZLICHES TRAINING ABSOLVIERT WERDEN?

Das Training für das Trailrunning sollte, wie auch das normale Lauftraining, ganzheitlich gestaltet, also ein gesunder Mix aus Kraft-, Alternativ- und variierendem Lauftraining sein. Besonderen Fokus setzen wir auf die Fußgelenkstabilität. Das Training dieser kann man wunderbar in den Alltag integrieren. Zum Beispiel Einbeinstand beim Zähneputzen, Fußgelenksarbeit, wenn man an der Bushaltestelle steht oder an der Kasse wartet. Empfehlenswert sind auch verschiedene Sprungübungen für die Fußgelenke. Wichtig: Wer eine hügelige Strecke vor der Haustür hat, der sollte vermehrt die vordere Oberschenkelmuskulatur trainieren. Diese wird nämlich beim Bergablaufen stark beansprucht.

BRAUCHT MAN FÜRS TRAILRUNNING BERGE?

Trailrunning heißt übersetzt Pfad- oder Waldweglaufen. Und genau das ist es. Runter vom Asphalt, rein in die Natur. Genießen, entschleunigen, sich »verlieren«. Somit ist die Frage beantwortet: Trailrunning kann überall abseits des Asphalts betrieben werden, es braucht keine Berge. Häufig wird bei Trailrunning-Wettkämpfen aber auf das gut ausgebaute Wanderwegenetz in den bergigen Regionen zurückgegriffen.

Auch für Trailläufer gilt: Stabitraining ist der Schlüssel für dauerhaftes Laufvergnügen.

Sandra: »Ich liebe die heimischen Trails im Münchner Outback.«

BASTI VS. SANDRA:
LAUFEN AM BERG

»Trailrunning braucht zwar keine Berge, aber es findet oft in den Bergen statt. Mir ist es egal, ob es bergauf oder bergab geht: Ich laufe hoch und runter. Ich laufe fast alles, nur Klettersteige oder schwierige Passagen natürlich nicht, weil ein Sturz in den Bergen dramatischere Folgen haben kann als ein kleiner Ausrutscher in einer Pfütze im Wald. Ich laufe fast alle Steigungen, weil mir das Laufen tatsächlich leichter fällt, als den Berg hoch zu marschieren. Okay, ich marschiere auch ab und zu, wenn das Laufen zu viel Kraft kostet. Einmal bin ich bei der Berglauf-Weltmeisterschaft 2017 eine steile Passage tatsächlich nicht gelaufen, ich bin sie ›taktisch gegangen‹. Die Strecke ging am Ende sehr steil bergauf, bevor es dann mit nicht mehr ganz so großem Gefälle für längere Zeit bergab ging. Bergauf habe ich dort Kräfte gespart, um noch schneller im Downhill zu sein. Ihr seht, ich gehe recht ambitioniert in die Berge. Nein, ich gehe nicht, ich laufe recht ambitioniert in den Bergen.«

»Vermutlich gibt es kein *Basti vs. Sandra,* bei dem wir so weit auseinander sind wie beim Thema Laufen am Berg; denn ich bin ein überzeugter ›Bergaufmarschierer‹. Nur das zügige Gehen, das aus den ›Oberschenkeln-Rausarbeiten‹, gern auch in Kombi mit Stöcken, fühlt sich für mich effizient und gut an. Und sowieso: Trailrunning definiert sich eben anders als der klassische Berglauf (für den Basti im Nationaltrikot antritt), Trailrunning ist die Bewegung abseits geteerter Straßen, entschleunigt und lehrt den Respekt vor der Natur.
Lange Rede, kurzer Sinn: Ich marschiere die Berge hoch, am liebsten ganz lang und weit, bergab lasse ich es laufen. Zumindest, wenn es nicht matschig ist, denn Matsch ist nicht mein Untergrund. Das ist einfach so. Bei schönen Ausblicken bleibe ich gern stehen, einfach nur zum Genießen und/oder auch fürs Foto. Das muss ein jeder für sich selbst entscheiden, nach eigenem Belieben, Empfinden und Motivationslevel. Es gibt nämlich schlichtweg – wie so oft – kein Richtig und kein Falsch. Auch auf die Gefahr hin, mich zu wiederholen: Alles kann, nichts muss (ja, könnte so etwas wie mein Lebensmotto sein). Probiert euch aus, habt Spaß, genießt. Die einzige Regel: Wenn ihr euch auf bestimmten Passagen unsicher fühlt, Tempo raus! Auch bei Schnee, denn den kann man in den Bergen häufig schlecht einschätzen. Lieber einmal mehr zu vorsichtig als über den Schaden jammern müssen.

EVERLAST
EVERLAST
EVERLAST
EVERLAST
Ta:10

KAPITEL 7
REGENERATION

Erinnert ihr euch an die Formel »Grundlage geteilt durch Alter gleich Regenerationsfähigkeit« aus dem Grundlagenkapitel? Super, denn auch wenn ihr mit einer fantastischen läuferischen Grundlage eine an Lichtgeschwindigkeit heranreichende Regenerationsfähigkeit geschaffen habt, kommt ihr um eine Wahrheit nicht herum: Regeneration – egal wie lange euer Körper für die Erholung von einzelnen Trainingseinheiten benötig – ist der wichtigste Teil des Trainings!

Eine uralte und häufig belächelte Trainingsweisheit besagt, dass unsere Muskeln nur in Ruhezeiten wachsen. Doch was genau bedeutet das eigentlich, und wie können wir das Wachstum optimal unterstützen? Was macht wirklich Sinn und warum? Eines vorneweg: Regeneration bedeutet weitaus mehr als Nichtstun. Wir möchten euch über verschiedene Möglichkeiten informieren.

DIE BASICS

Fangen wir mit den Basics an: Was genau bedeutet eigentlich Regeneration? Im übertragenen Sinne bedeutet das Wort Regeneration »Rückgewinnung verbrauchter Kräfte«, was in unserem Fall meint, dass unsere entleerten Speicher in den Muskeln und der Leber möglichst schnell und effektiv wieder aufgefüllt werden müssen. So können entstandene Schäden (keine Sorge, das klingt schlimmer, als es ist) in den Mikrostrukturen der Muskulatur repariert werden und alle Funktionssysteme des Organismus ihre ursprüngliche Leistungsfähigkeit wiedererlangen. In den Grundzügen sollte uns das natürlich allen bewusst sein, doch wie kann man das Ganze alltagstauglich umsetzen und die Regeneration bestmöglich unterstützen? Denn: Nur ein ausgeruhter sowie gut versorgter Körper kann Leistung erbringen und somit effektive Trainingsreize setzen – und das ist schließlich genau das, was wir wollen!

»Verbiegen oder liegen« – beides kann zur Regeneration beitragen.

PRO-TIPP 1

Vitamin C in konzentrierter Form nach dem Training unterstützt das Immunsystem und trägt zur Kollagenbildung für eine normale Funktion der Blutgefäße, der Haut, der Knochen und Knorpel bei.

PRO-TIPP 2

Die Kombi aus Eiweißen, Vitaminen und Elektrolyten unmittelbar nach dem Training sorgt für Regenerationswunder.

REGENERATION NACH DEM TRAINING IST UNABDINGBAR

Der Körper reagiert auf einen Trainingsreiz wie folgt:

1. Ermüdung (im und nach dem Training).
2. Erholung (Ausgangsniveau wiederherstellen).
3. Anpassung oder Superkompensation (hierbei erhöht der Körper die vorhandene Leistungsfähigkeit).

Erst nach der Anpassung beziehungsweise der Superkompensation ist der Körper bereit für neue Trainingsreize. Also lasst uns tiefer in die Materie eindringen: Neben Ruhe (wie zum Beispiel ausreichend Schlaf) benötigt unser Körper noch die richtigen Nährstoffe im richtigen Zeitfenster. Die Rede ist hier von – im Idealfall – schnellen Kohlenhydraten, leicht verdaulichen Proteinen sowie Mineralstoffen (Salzen), am besten sofort nach der Belastung.

Entsprechend zu essen und – vor allem – zu trinken, ist nach jeder Trainingseinheit immens wichtig. Wir meinen damit nicht große Mahlzeiten, sondern kleine, proteinreiche Zwischenmahlzeiten wie zum Beispiel Quark mit Obst und Haferflocken und/oder einem leckeren Proteindrink.

ANABOLES FENSTER

15 bis 30 Minuten nach dem Training öffnet sich ein sogenanntes anaboles Fenster, in welchem die zugeführten Nährstoffe besonders gut vom Körper aufgenommen werden. Überdies ist auch ein direkter Ausgleich der beim Training verlorenen Flüssigkeitsmenge erforderlich, um den Stoffwechsel im Regenerationsprozess zu unterstützen. Vorsicht: Unser Immunsystem ist nach großen körperlichen Anstrengungen, wie eben zum Beispiel intensiven Trainingseinheiten, bis zu 72 Stunden lang geschwächt. Dadurch können Viren und Bakterien leicht in unseren Körper eindringen, und es kann zu einer Erkrankung kommen. Das bezeichnet man als Open-Window-Effekt. In den kalten Jahreszeiten ist man noch infektanfälliger.

NÄHRSTOFFREICHE KOST

Mit ausreichend Regeneration zwischen den Einheiten und vielen frischen, gesunden und nährstoffreichen Sachen direkt nach dem Training können wir aus einem offenen Fenster zumindest ein angelehntes Fenster machen. Außerdem geben wir unserem Körper mit ausreichender Regeneration die Möglichkeit, den gesetzten Trainingsreiz zu verstehen und optimal umzusetzen. Nur so kann man sich im Training verbessern und steigern. Neben den Muskeln spielt auch unser Gehirn eine nicht zu vernachlässigende Rolle in der Regeneration, denn Körper und Geist hängen unmittelbar zusammen. So brauchen auch die Synapsen in unseren grauen Zellen Zeit für Erholung und Entspannung. Anschließend sind diese dann wieder mehr als nur bereit, Muskeln gezielt anzusteuern und Reize zu verarbeiten.

Eine gesunde Ernährung ist auch im stressigen Alltag ohne viel Aufwand möglich.

PRO-TIPP

Neben allen fachlichen Gegebenheiten appelieren wir an euch, immer auf euren Körper zu hören und ihn wertzuschätzen. Ihn »richtig« zu füttern. Und mit »richtig« meinen wir nicht den Verzicht auf sämtliche Leckereien, sondern das Gegenteil! Gönnt euch etwas, wenn Ihr Appetit darauf habt, und ruht euch aus, wenn ihr müde seid. Alles im gesunden Maß.

UNSER SUPERFOOD-ABC
ODER WARUM GESUNDE ERNÄHRUNG AUCH EINFACH SEIN KANN

Medialer Supergau, omnipräsent, Dauerbrenner: Das Thema Ernährung boomt wie nie zuvor! Und während sich das wohlhabende deutsche Volk in zwei Gruppen teilt – nämlich zum einen die »Fit-Schlank-Gesund«- und zum anderen in die »Overworked-Inaktiv-Fast-Food-Fraktion« –, versuchen geschäftstüchtige Hersteller, für jeden gut-zahlenden Kunden genau die richtige, maßgeschneiderte Lösung bereitzuhalten!

Klingt ganz so, als müsste gesunde Ernährung zwangsläufig teuer oder irgendwie aufwendig sein?! Nein, weder noch! Wir stellen euch unser persönliches Superfood-ABC vor, welches ihr ganz einfach in eurem Alltag unterbringen könnt; peu á peu – ohne große Extrakosten und mit überschaubarem Aufwand.

A

DIE AVOCADO!

Es ist längst kein Geheimnis mehr, dass die Superfrucht äußerst reich an lebenswichtigen Vitaminen wie zum Beispiel Vitamin A, Alpha-Carotin, Beta-Carotin, Biotin und Vitamin E ist. Außerdem enthält sie ein breites Spektrum an wertvollen Mineralstoffen und Spurenelementen, unter anderem Kalium, Magnesium, Phosphor, Kalzium, Eisen, Kupfer und Mangan.

Theoretisch wäre die Avocado ein Kapitel an sich wert (inklusive der berechtigten, ökologischen Fingerabdruckdiskussion natürlich), denn die Liste der positiven Eigenschaften ist lang. Aber als abschließenden Fakt möchten wir erwähnen, dass die Avocado einen sehr hohen Gehalt an essenziellen Aminosäuren aufweist, die der Körper nicht selbst produzieren kann.

Avocados gibt es inzwischen in nahezu jedem gut sortierten Supermarkt, auch beim Discounter. Ihr erkennt den richtigen Reifegrad der Avocado, indem ihr den Stiel (meist nur noch ein »Knubbel«) oben an der Spitze löst. Dieser sollte leicht herauszuziehen sein, und wenn er einmal draußen ist, muss uns kräftig grünes Fruchtfleisch entgegenstrahlen. Geht der Stiel schwer heraus, ist die Avocado noch nicht reif. Ist das Fruchtfleisch gelblich oder gar braun, ist sie überreif! Die Avocado schneidet man am besten längs in der Mitte um den Kern herum durch und »dreht« sie dann einfach auf. Das Fruchtfleisch lässt sich mit einem Löffel oder der Gabel herauskratzen.

Die Autoren dieses Buches essen die Avocado sehr gern als Zwischensnack mit ein bisschen Pfeffer und Salz. Quasi gegen den kleinen Hunger. Oder zum Abendessen einfach mit einer Gabel auf die Scheibe Brot drücken. Ist nämlich viel leckerer und gesünder als der mit Zucker- und Konservierungsmitteln überladene Streichkäse aus dem Frischeregal.

B

BLAUBEERE

Wir lieben sie; die kleinen blauen Vitaminbomben. Auch bekannt als Heidelbeere ist diese Naschfrucht nicht nur lecker, sondern auch richtig gesund. Denn die darin enthaltenen Anthocyane unterstützen unseren Körper, freie Radikale abzufangen und zu neutralisieren. Außerdem reduzieren diese Stoffe auch den Alterungsprozess der Haut! Ja, Heidelbeeren können tatsächlich gegen Falten hilfreich sein. Ein letzter Fakt: Studien zufolge stabilisieren die Inhaltsstoffe der Heidelbeere das körpereigene Adersystem.

Die Beeren eignen sich bestens als Snack im Büro oder als Beilage zum morgendlichen Müsli. Auch im Smoothie oder Joghurt sind sie ausgesprochen lecker. Denkt beim nächsten Einkauf einfach daran, ein Schälchen mitzunehmen – sie werden bestimmt nicht schlecht ...

C

CURCUMA

Ja, schreibt man im deutschsprachigen Raum gemeinhin mit »K«, das würde dann aber unser ABC sprengen. Die Autorin des Buchs schwört seit vielen Jahren auf vitalisierende Kraft der Wurzel, welche vorwiegend im asiatischen Raum genutzt wird. Aber wie verwenden man sie? Vermutlich hat schon ein jeder von euch – wissentlich oder unwissentlich – Curcuma zu sich genommen, denn sie ist fester Bestandteil von Curry-Gewürzmischungen, wie man sie in den meisten indischen oder generell asiatischen Gerichten findet, beziehungsweise herausschmeckt.

REZEPT

Weil wir beide Curkuma sehr mögen und schätzen, an dieser Stelle unser Lieblingsrezept mit Curkuma:

Goldene Milch ist nicht nur super gesund und super lecker, sondern auch schnell »gemixt«.

»GOLDENE MILCH«

Curcuma-Latte, umgangssprachlich »Goldene Milch« genannt, ist quasi unser »Abendtee«. Erstens, weil es sehr gesund ist, und zweitens, weil sich das ayurvedische Rezept easy umsetzen lässt. Ihr benötigt:

500 ml	**Milch** (wir bevorzugen Hafermilch)
1 TL	**Zimt**
1 TL	**Curkuma**
Ein wenig kleingeraspelten **Ingwer**	
2 TL	**Honig**
etwas	**Pfeffer**

Alles zusammen in einen Topf (oder einen Milchschäumer) erhitzen, durchmischen – und schon ist die Goldene Milch trinkfertig.

Soweit eine kleine erste Einführung in die sogenannten Superfoods, die weder extrem teuer noch aufwändig sein müssen. Eine Ernährungsumstellung muss nicht von jetzt auf gleich und sofort erfolgen oder mega-konsequent sein. Am Anfang reicht oft schon ein bisschen Bewusstsein beim Einkauf. Ihr werdet den positiven Effekt schnell spüren und Freude daran finden.

WHEN REGENERATION GOES WRONG

Auf die wichtige Rolle von Regeneration haben wir ausdrücklich hingewiesen – sie ist definitiv ein entscheidender Faktor, um langfristig gesund zu laufen. Wenn ihr euch nicht von den Strapazen erholt, dann schleichen sich Wehwehchen ein, die irgendwann kein Zipperlein mehr sein werden, sondern Verletzungen, die eine Pause erfordern. Der Autor des Buches hat sich früher als Hochleistungssportler auf dem schmalen Grad des gerade noch Machbaren bewegt und leider feststellen müssen, dass ab und zu auch mal etwas kaputt gehen kann. Das fällt im diesem Fall sicherlich unter den Begriff »Berufsrisiko«, das aber niemand eingehen sollte, der das Laufen als liebgewonnenes Hobby ausübt. Denn nichts ist schlimmer, als durch den Park zu gehen und dabei zusehen zu müssen, wie andere gesund ihre Runden drehen, während ihr hofft, endlich wieder schmerzfrei eure Laufschuhe ausführen zu können. Die Autorin des Buches kennt ein solches Gefühl auch, allerdings aus dem zehnten Monat der Schwangerschaft ... Natürlich können Verletzungen auch durch physikalische Einwirkung entstehen, das ist uns beiden auch schon passiert, aber uns geht es vor allem darum, euch zu motivieren und zu appellieren, Regeneration wirklich ernst zu nehmen, um Überlastungsverletzungen zu vermeiden.

Irgendwann zwickt es bei euch sicher auch mal im Gebälk. Horcht in euren Körper hinein und seid mutig, mehr als einen Ruhetag zu machen, wenn es sich so darstellt, dass es etwas länger dauern könnte. Ihr müsst auch nicht den Kopf in den Sand stecken, sondern könnt quasi schon am nächsten Tag voller Elan euer Alternativprogramm auf dem Rad, im Schwimmbad oder auf der Hantelbank starten! Und wenn es wirklich mehr als nur zwickt, schaut zu, dass ihr schnellstmöglich auf die Pritsche eines Physiotherapeuten kommt, um euer Heilfleisch bestmöglich zu unterstützen.

Es gibt übrigens ein NO-GO! Trainieren mit Schmerzmitteln! Wir können euch nur dazu raten, auch im Wettkampf auf jegliche Medikamente zu verzichten, auch wenn euer großes Ziel in Gefahr scheint. Im Training sollten Schmerzmittel aber unter allen Umständen vermieden werden. Es bringt euch nichts, noch einen langen Lauf durchzuziehen und zu hoffen, dass es dann schon wieder wird. Es wird nicht besser, außer ihr gebt eurem Körper Zeit. Im jugendlichen Leichtsinn hat der Autor des Buches das mal ausprobiert und war zunächst begeistert, wie schnell eine Knochenhautentzündung trotz des Trainings ausheilt, wenn man vom Arzt ein gutes entzündungshemmendes Medikament verschrieben bekommt. Das Ende vom Lied war eine leere Medikamentenschachtel, eine immer noch vorhandene Entzündung und eine mehrwöchige Pause. Die Alternative, sofort Ruhe zu halten und zwei Wochen später mit vielen Radkilometern in den Beinen wieder ins Lauftraining zu starten, wäre viel besser gewesen.

Auf dem schmalen Grat zu wandeln hat bei dem Autor des Buchs ab und an leider zu mehr oder weniger großen Zipperlein geführt. Einmal war es auch nicht das Wandeln auf dem schmalen Grat, sondern die Mischung aus Motivation, einer Eisplatte und einer zu hohen Kurvengeschwindigkeit, die eine Pause nach sich zog, aber alle Verletzungen wiesen ein Konstante auf – semispezifisches Training. Natürlich ist es im ersten Moment schwierig, sich eine Verletzung einzugestehen, seine Ziele neu justieren zu müssen und sich sportlich für die nächsten Wochen neu aufzustellen. Unser Tipp an euch ist aber: Lasst den Kopf nicht hängen, sondern packt den Stier bei den Hörnern. Arbeitet an euren Defiziten, stählt eure Rumpfmuskulatur oder stellt neue Rekorde beim Radfahren auf. Eine Erfahrung, die der Autor des Buchs auch gemacht hat, ist, dass, wenn ihr beim Alternativtraining richtig Gas gebt, eure Laufform nach überstandener Verletzung nicht nur da ist, wo sie einmal war, sondern sogar besser sein kann als vor der Verletzung. Die Autorin des Buchs ist sowieso ein Fan von Stabitraining und Spinning Rad, und auch das Rudergerät muss ganz schön unter ihr leiden. So entlastet sie ihren Stützapparat vor der nächsten langen Bergtour und gibt den jeweils belasteten Körperpartien die Regenerationszeit, die nötig ist, um beim nächsten Mal wieder voll durchstarten zu können.

Ob durch zu viel Training oder einen ungünstigen Zufall – kleinere Zipperlein oder auch mal eine Verletzung kann man im Laufsport nicht ausschließen. Um so wenig wie möglich seine Zeit mit Laufpausen zu verbringen, hört in euren Körper, seid ehrlich zu euch, habt den Mut zur Pause und gebt, wenn wirklich mal nichts mehr zu retten ist, beim Alternativtraining Gas.

Herzensempfehlung beider Autoren: Wenn`s beim schönsten Sport der Welt zwickt, lasst lieber eure Laufschuhe einmal mehr im Schrank und geht auf einen Spaziergang oder macht Alternativsport.

BASTIS REGENERATIONS-FAVORIT

Mein Favorit ist ein ganz einfacher Shake, der nach dem Sport schnell zubereitet ist, sättigt und alle Makros enthält, die man braucht. So geht's:

300 ml **ungesüßter Pflanzendrink** (Bio-Soja hat hier am meisten Proteine, Süßlupine ist auch gut, jedoch schwerer zu bekommen. Wer auf Soja verzichten will kann Quinoa-, Hafer- oder Mandeldrink nutzen.)
2 Messlöffel beliebiges **Hanfproteinpulver**
1 **Banane**
2 gehäufte EL **Haferflocken**

Alles zusammen in den Mixer und gut durchmixen – fertig. Bei Zubereitung mit Sojadrink sind es etwa 30 Gramm Protein für den Shake. Er enthält schnell verfügbaren Zucker aus der Banane, langkettige Kohlenhydrate aus den Haferflocken, viele Ballaststoffe und gesunde Fettsäuren aus dem Hanfprotein (mehr als 7 Gramm Ballaststoffe bei 2 Messlöffeln und etwa 3 Gramm einfach und mehrfach ungesättigte Fettsäuren).

Sebastian: »Ich schwöre seit Jahren auf die regenerative Wirkung von Hanfproteinen.«

Sandra: »Seit meiner Zeit in Indien bin ich großer Curkuma-Fan.«

SANDRAS REGENERATIONS-FAVORIT

Während meiner Zeit in Indien durfte ich viel mit natürlichen Heilstoffen »experimentieren«. Als ich damals mit dem Laufsport begann, haben mich indische Freunde auf die Wirkung von Curkuma hingewiesen. Curkuma nutze ich nun seit bereits acht Jahren und darf auf eine bislang weitgehend verletzungsfreie »Laufkarriere« zurückblicken. Das liegt sicherlich nicht ausschließlich am Curkuma, sondern ist ein Zusammenspiel aus vielen Faktoren.

Der Curkuma-Regenerations-Shake:

100 ml	**ungesüßter Pflanzendrink**
100 ml	**Wasser** (z. B. regionales, stilles Mineralwasser mit hohem Mineralstoffgehalt)
100 ml	**Orangensaft**
	Obst der Saison (gefroren, wenn man es etwas kälter mag)
2 EL	**Curcuma**
1 EL	Leinsamen
nach Belieben	
1 TL	**Öl** dazugeben, z. B. Sacha-Inchi-Öl.

Alles gut durchmixen – fertig!

BASTI VS. SANDRA: EAT, SLEEP, RUN, REPEAT

»Vor gut 20 Jahren wurden mein Zimmerkollege und ich in einem Trainingslager vom Bundestrainer gefragt, was denn das wichtigste Regenerationsmittel sei. Wie beim Galgenmännchen versuchten wir unser Glück mit verschiedenen Antworten, hatten aber keinen Erfolg. Der Galgen wuchs, trotz so sinnvoller Ideen wie Massage, Ruhetag oder Ernährung. Letztendlich wurden wir erlöst und bekamen die Antwort: Schlaf!
Eine optimale Regeneration ist sicher ein Puzzle aus verschiedenen Maßnahmen, die ihr nutzen könnt. Ich habe aber in meiner Laufkarriere richtig gute Läufer gesehen, die sich von Gummibärchen und Cola ernährt haben, andere haben sich weder gestretcht noch mobilisiert. In der Sauna mit anschließendem Eisbad sieht man auch nicht alle, aber wenn man versucht, einen Profi am frühen Nachmittag telefonisch zu erreichen, kann man sich sicher sein, dass der Rückruf erst am Nachmittag erfolgt. Ihr denkt sicher, wow, Mittagsschlaf, wie soll ich das machen? Ich habe leider auch keine Möglichkeit mehr dazu, und es war damals sicher Luxus, wobei dieser Luxus zum Trainingsalltag dazu gehört hat, um den doch körperlich recht anspruchsvollen Job als Profiathlet zu verkraften. Heute gehe ich dafür mit den Hühnern (meinen drei Frauen daheim) ins Bett, um ausreichend zu regenerieren.«

»Das eine Huhn möchte sich zum Thema Regeneration auch zu Wort melden :-D. Denn nicht allen ist es vergönnt, ins Bett zu gehen und sofort einzuschlafen, so wie unserem Hahn daheim. Gerade die weibliche Gattung tendiert doch eher dazu – so zumindest mein Eindruck –, sich nachts Gedanken zu machen und weniger als die standardisierten acht Stunden am Stück zu schlafen. Daher bin ich eher die ›Kräuterhexe‹ unter den Regenerierern, nicht der Schläfer. Die Natur hat uns nämlich einige adäquate Mittelchen an die Hand gegeben, um unseren Körper entsprechend zu pflegen und zu stählen. Grundlage einer funktionierenden Regeneration ist für mich eine gesunde und ausgewogene Ernährung, sodass der Körper immer mit allen Nährstoffen versorgt ist.
Außerdem schwöre ich, nach längerer Zeit, die ich in Indien leben durfte, auf Curkuma und Reishi zur Regeneration – ich sagte doch: Kräuterhexe! Proteine und eine konsequente Elektrolytzufuhr sind immens wichtige Bausteine. Neben der Ernährung finde ich die mentale Komponente auch sehr wichtig, denn nur ein gesunder Geist kann unseren Körper auch mal aus der Komfortzone pushen. Insofern: Ich habe auch keinen Schmerz, mal eine Woche GAR NICHT oder nur alternativ zu trainieren. Da achte ich total auf die Signale, die mir mein Körper sendet. Nur wenige verdienen mit dem Laufen Geld oder betreiben den Sport auf einem so professionellen Level, dass sie täglich raus müssen, um zu trainieren. Laufen soll Freude machen und eine Ergänzung und Wohltat im Alltag darstellen, ist Zeit für sich selbst, in der die Gesundheit gefördert werden soll.«

EVERLAST
EVERLAST
Ts:10

ANHANG

DANKSAGUNG

Der vermutlich schwerste und einfachste Teil zugleich. Die Liste der Menschen, die uns in unseren Läuferleben begleitet und zur Seite gestanden haben, würde vermutlich ein eigenes Buch füllen. Deswegen beschränken wir uns auf diejenigen, die uns besonders geprägt haben und proaktiv bei der Entstehung dieses Buches mitgeholfen haben – sei es durch Vertrauen, Geduld, Inspiration, Positivität und oder sonstigen Input.

Wir fangen mit den Menschen an, die – auf die eine oder andere Weise – proaktiv bei der Entstehung dieses Buches mitgewirkt haben. Wir Sandra und Sebastian, bedanken uns bei ...

... Felix Weber, dem ehemaligen Geschäftsführer der Medicom Pharma GmbH, der uns erst auf die Idee gebracht hat, ein Buch zu machen und deswegen einen entscheidenden Anteil daran hat, dass es dieses Buch gibt. Im selben Atemzug möchten wir selbstverständlich auch Matthias Schnippe danken; der hat »ausgeführt« :) Und überhaupt mal so grundsätzlich: Danke an alle, die zum »Team Medicom« gehören, wir lieben euch! Katharina, Ana, Franziska und alle anderen: Vielen Dank, ihr seid super! Wir hoffen auf eine lebenslange Partnerschaft.

... Niko Schmidt und Delius Klasing: Es war uns ein Fest! Lieber Niko, du bist und bleibst »Lieblingslektor«, die Zusammenarbeit mit dir ist einfach super easy, klar, strukturiert und auf eine sehr angenehme Art und Weise professionell freundschaftlich. Danke dafür, auch für das aufgebrachte Vertrauen und die Geduld.

... Philipp Reiter von Salomon, der nicht nur die Fotos des Buches geschossen hat, sondern (rein zufällig) auch unser Hochzeitsfotograf war und auch schon bei der Entstehung des *Transalpine Run*-Buchs mitgewirkt hat. Danke, dass man sich vor deiner Linse so wohlfühlt und du uns zeigst, wie wir sind.

... Caro Gredler: Danke für Zeit, Muskelkraft, die ein oder andere Schweißperle sowie deine Bereitschaft, spontan als Fitnessmodel einzuspringen. Du machst dich toll im Buch!

... das *Hotel 4 Jahreszeiten* im Pitztal, allem voran der Geschäftsführerin Jasmin für die tolle Fotolocation, die stets wunderbare Herberge, immer leckeres Essen und eine grundsätzliche Wohlfühlatmosphäre. Uns wirst du als Gäste nicht mehr los; alle Jahre wieder!

... Burki und Anita Hallmann, die uns wirklich stets bei Bedarf die Rücken freihalten und mithelfen, wo und wie sie können! Wir danken euch und wissen das unglaublich zu schätzen!

... Marina Mastropietro, die uns auf eine wunderbare Art und Weise immer wieder die Leichtigkeit des Lebens und Laufens aufzeigt und sowieso einfach eine kleine, saucoole Socke ist. Wir lieben dich!

... Yasmin Hallmann, die zwar an sich noch nicht so wirklich proaktiv an der Entstehung mitgewirkt hat, aber eben absolut zu 100 Prozent von Anfang bis Ende im wahrsten Sinne des Wortes immer dabei« war und auch noch ist. Es soll auch Schwangerschaften geben, in denen es Frauen nicht möglich ist, auf über 2.000 Metern über Meeresspiegel herumzurennen und ein Buch zu schreiben. Mit Yasmin war das möglich. Danke also an dieser Stelle an unseren kleinen Schatz!

... last, but not least, unseren gemeinsamen Freunden (die wir teilweise auch aus Laufgruppen gewonnen haben – größtenteils sogar). Zum einen ist da ein Erni L., der sich schon lange nicht mehr aus unserem (Läufer-)Leben wegdenken lässt, zum anderen auch Alisa M., Lisa L., Lisa T., Dagi Z., Moni F., Dani H. und alle, die sich zurecht angesprochen fühlen.

DANKSAGUNG

SANDRAS DANK:
Simply Running ist mein drittes Buch, und somit ist es auch das dritte Mal, dass ich große, gebündelte und aufrichtige Dankbarkeit an meine amerikanische Familie schicke. Schon als Kind wollte ich, wenn ich nach meinem Berufswunsch gefragt wurde, Schriftstellerin werden. Allerdings kannte ich das Wort damals noch nicht. Als »typisch deutsch« wurde dieses Vorhaben belächelt. »Typisch amerikanisch« hat dieser Teil meiner Familie mir immer Mut zugesprochen und an mich geglaubt, und das hat so unendlich gut getan und mir sehr geholfen. Heute weiß ich, dass man an sich selbst und an seine Träume glauben muss, um diese wahr werden zu lassen. Danke Frank, dass du mir das gezeigt hast und mir geholfen hast, diesen Leitsatz zu verinnerlichen!

So, Major F. Zink, here we go again: My American Dad, my mentor, my idol! Thanx for being you, thanx for always being there – no matter the distance! Thanx for always believing in me, ever since we met. It's been such a pleasure to host you and your wife Helen over here in Germany, to finally spend time together and to relive memories. You don't even know what kind of huge impact you had on my life, my career and the person I am today.

Danke auch an meine Arbeitskollegen und Chefs für ganz viel Toleranz, für das Mitfiebern und eine immer fortwährende Unterstützung. Danke Jupsi (ohne richtigen Namen), du bist der beste Chef, danke an Marcus M., der der beste Chef-Chef ist, danke an die »Lieblings-Witches« und alle anderen, die dazu gehören und quasi dran schuld sind, dass ich jetzt schon soooo lange in diesem »Laden« aushalte. Rekordverdächtig, absolut rekordverdächtig!

BASTIS DANK:
Ich danke allen, die mich in den letzten fast 30 Jahren beim Laufen begleitet haben. Ich danke allen, die mich gepusht haben, damit ich schneller gelaufen bin, und ich danke allen, die sich von mir haben pushen lassen, um Dasselbe zu tun.

Ich möchte den »Urban Runners Munich« für so viele schöne Lauftreffstunden danken und dafür, durch sie den Einblick in eine mir bis dahin verborgene Laufwelt bekommen zu haben. Hier bin ich vom »Athleten« zum »Coach« geworden.

Vielen Dank fürs Lesen
und keep running simply ...
... und happy!